Ensinando o Macaco a *Voar*

Jann Weiss

Ensinando o Macaco a *Voar*

Um guia passo a passo para o autodomínio

Tradução
ULISSES BAZÍLIO

EDITORA CULTRIX
São Paulo

Título do original: *Teaching the Monkey to* Fly.

Publicado originalmente em 1999 por Kima Global Publishers.

O primeiro número à esquerda indica a edição, ou reedição, desta obra. A primeira dezena à direita indica o ano em que esta edição, ou reedição, foi publicada.

Edição	Ano
1-2-3-4-5-6-7-8-9-10	01-02-03-04-05-06-07

Direitos de tradução para a língua portuguesa
adquiridos com exclusividade pela
EDITORA PENSAMENTO-CULTRIX LTDA.
Rua Dr. Mário Vicente, 368 – 04270-000 – São Paulo, SP
Fone: 272-1399 – Fax: 272-4770
E-mail: pensamento@cultrix.com.br
http://www.pensamento-cultrix.com.br
que se reserva a propriedade literária desta tradução.

Impresso em nossas oficinas gráficas.

Dedicatória

À crescente família de Humanos corajosos que estão acordando e tornando-se Almas Humanas. Vocês não estão sós. Podemos nos transformar. *Estamos* nos transformando.

Agradecimentos

Obrigada... a todos os corações cujo amor e apoio ajudaram a criar esta obra. Obrigada ao meu Editor, Robin, da África do Sul, por sua paciência inesgotável. Obrigada a Patricia, da Itália, pelo *laptop* com o qual este livro foi escrito. Obrigada a todos os amigos nos três continentes pela estima e preocupação, que me estimularam e acolheram em seus lares e que me apoiaram durante os dois longos anos em que durou este projeto. Trago todos na minha lembrança. A vocês o meu 'muito obrigada' e todo o meu afeto.

A todos os Seres Invisíveis que me guiaram e inspiraram, expresso telepaticamente o meu enorme agradecimento. E a todos vocês que estão sempre perguntando "Quando vai sair o livro?", em verdade eu vos digo: "*Logo* enfim chegou".

Sumário

Introdução 9

A História – Primeira Parte 13
Quem me dera poder voar...

Capítulo Um 19
Macacos **não** voam
Um olhar sobre a perspectiva de sobrevivência do corpo; de onde vem e seus efeitos sobre nossas vidas.

Capítulo Dois 33
Saiba que eu não sou um primata
Discute a superioridade de nossa natureza e seu efeito em potencial sobre a perspectiva de sobrevivência do corpo.

A História – Segunda Parte 43
Preciso de asas para voar?

Capítulo Três 49
Criando asas – primeira parte
Introdução aos Processos de Transformação de Weiss (os PTW) – como e por que funcionam. Introdução ao PTW Um – O Processo Básico.

Capítulo Quatro 65
Criando asas – segunda parte
Definição dos aspectos dimensionais da Alma tal como são usados nesta obra. Outras aplicações do PTW Um – O Processo Básico.

Capítulo Cinco 79
Nas asas do tempo
Discussão dos conceitos de Tempo e seu possível uso para a mudança de consciência do nosso organismo. Apresentação do PTW Dois – O Processo Temporal.

A História – Terceira Parte 91
Jovem, ensine-lhes o que sabe

Capítulo Seis ... 97
Voarei solo?
Um olhar sobre os efeitos que o trabalho de cura pessoal de um indivíduo tem sobre os demais e as mudanças que pode acarretar. Explicação do uso do PTW Um para ajudar outras pessoas. Abordagem do conceito de responsabilidade.

Capítulo Sete ... 109
Se eu alterar o meu DNA, o que vai ser de mim?
Discute o conceito da mudança das reações automáticas do organismo ao medo por meio da alteração da programação geneticamente codificada. Apresentação do PTW Três – O Processo do DNA.

Capítulo Oito ... 121
Não olhe para baixo
Discussão dos desafios e do potencial planetário da pessoa que desenvolve e utiliza as próprias asas.

A História – Quarta Parte ... 125
Jovem, dê-lhes força

Capítulo Nove ... 135
Apoio extra
Guias de consulta dos PTW para o Alinhamento Dimensional da Alma. Conceitos, Termos e Definições de acordo com os seus usos nesta obra. Perguntas Mais Freqüentes.

A História – Quinta Parte ... 155
Se eles ao menos tivessem asas

Capítulo Dez ... 165
Os primatas podem ser anjos? *ou* O que acontece quando o céu já não é mais o limite?
Discute a aplicação prática, espiritual e global final da execução desse trabalho por um indivíduo ou espécie.

A História – Sexta Parte ... 169
Conclusão

Introdução

Ensinando o Macaco a Voar é o resultado de quinze anos de trabalho com pessoas que dedicam suas vidas à própria evolução e desenvolvimento espirituais. Também foi escrito em resposta aos pedidos insistentes dessas mesmas pessoas para que eu colocasse "tudo no papel".

Os processos ensinados neste livro são o resultado de orientação e inspiração superiores aplicados ao meu próprio processo de cura. Mostraram-se eficazes não só para mim mas também para centenas de milhares de outras pessoas em todo o mundo com quem os partilhei. Não era minha intenção revelar algo que, a meu ver, era tão íntimo. Acabei cedendo quando as pessoas mais próximas perceberam mudanças em mim e me pediram para mostrar o que eu estava fazendo. Quando vi os resultados alcançados por *elas*, passei a incluir esses processos nos cursos de aprimoramento que já faziam parte do meu trabalho. Logo começaram a me pedir que mostrasse a outros como ensinar O Processo, e assim tiveram início os Treinamentos para Facilitadores. O Instituto Living in Truth passou a existir na mesma época para dar apoio aos novos facilitadores.

Temos hoje um grupo de pessoas do mundo todo que se conheceram por meio dos Processos de Transformação de Weiss. Em lugares como a América do Norte, América do Sul, Europa e África do Sul, pessoas com coragem de superar as limitações e os sistemas de crenças arraigadas que as prendiam estão recobrando o controle de suas vidas. Estão aprendendo a amar e fortalecer a si mesmas, passando a viver uma realidade de menos medo e luta, e mais paz e liberdade. Estão fazendo milagres.

Este livro fala sobre a *sua* capacidade de fazer milagres em sua vida. Faz um apelo à sua qualidade de vida. Você terá a oportunidade de identificar o que estimula suas reações às pessoas e experiências que o cercam. Será apresentado às técnicas específicas que o tornarão capaz de modificar ou eliminar o que não funciona para você e de ampliar o alcance do que funciona. É um guia passo a passo para o autodomínio que, além das explicações aprofundadas dos conceitos por trás dos processos, lhe possibilita incluir seu próprio trabalho na forma de "Folhas de Atividades", "Tarefas" e "Resumos". Sugiro que relate por escrito suas informações e experiências de acordo com o seu avanço para que os resultados do seu esforço fiquem mais claros. Tudo isso foi feito para ajudá-lo a tirar o máximo proveito deste guia do *seu* autodomínio.

Uma história de magia que reflete a luta do homem por mais expressividade foi incorporada ao livro para auxiliar o entendimento das conseqüências mais amplas dos esforços pessoais. Quis ainda fazer acréscimos ao livro por mero prazer. Também acredito na importância do prazer.

A você e a todas as pessoas que me têm pedido para colocar "tudo no papel", entrego agora *Ensinando o Macaco a Voar: Um guia passo a passo para o autodomínio.*

Quando aumenta em cada um a capacidade de amar,
o amor que há no mundo aumenta
na mesma proporção.

Quando o medo diminui em cada um,
o medo que há no mundo diminui
na mesma proporção.

De uma forma ou de outra,
influenciamos a nossa espécie
e o mundo em que vivemos.

A História

Primeira Parte

Quem me dera poder voar...

No limiar da mata que é a sua morada, ele observa a imensidão do Espaço Aberto que é proibido de explorar. É o mais velho dentre Os Jovens e sabe que pode se ver em apuros se permanecer por demasiado tempo aqui, na Margem. Como podem os outros não querer saber o que há lá fora? Como podem não querer explorar esse mundo tentador, incrivelmente vasto, que se encontra além das árvores? Afinal, há mais de nós, Bípedes, do que Quadrúpedes.

Ele conhece as histórias. Já ouviu falar de como os Quadrúpedes apanham um Bípede e fazem dele uma refeição. Já lhe disseram que, na mata, quando os Quadrúpedes vêm em busca de comida, as árvores para onde se pode correr são a única coisa que impede que o seu povo seja devorado. "As árvores nos servem de alimento e abrigo." Quantas vezes já ouvira falar disso?

Um leve ruído de folhas avisa-lhe que não está só. Vira-se, temendo estar em apuros mais uma vez. Três rostinhos espiando no meio das moitas dizem-lhe que não, e ele relaxa. São apenas alguns dos outros Jovens. Não querem sair da moita para falar com ele; está próximo demais da Margem e eles conhecem as histórias tão bem quanto ele.

Mesmo assim, ele fala com os demais:

— Não há o que temer. Aqui é bem tranqüilo e, vejam, estou inteiro. — Fitam-no com medo estampado no olhar enquanto ele se volta para o Espaço Aberto. — Ainda vou descobrir o que há lá fora. — O ruído súbito das folhas avisa que está só mais uma vez.

Um pouco depois, suspira e volta-se para o caminho de casa. Ao virar-se, depara-se com O Mais Velho dos Mestres, sentado a observá-lo. Ele sabe muito bem que O Mais Velho tem de ser obedecido e temido. Em vez de apressar-se em conduzir o Jovem de volta aos tapas e socos, como era costume dos Anciãos, O Mais Velho aproximou-se e começou a falar.

— Passar para o outro lado significa morrer. Outros tentaram e nunca mais voltaram, com poucas exceções. Esses poucos que voltaram eram loucos e falavam de coisas como lugares mais altos do que as nossas árvores, onde a água cobria espaços maiores que a nossa Morada. Sabemos que nada disso é verdade. Se fosse, conseguiríamos ver do nosso Mirante, a árvore que sabemos ser o lugar mais alto do mundo.

O Mais Velho pareceu incomodado por um instante e depois continuou.

— Os relatos de terras altas e imensidões de água geraram enorme confusão entre a nossa gente. Alguns ficavam com muito medo e começavam a correr em círculos e a gritar com quem contava a história. Outros queriam deixar nossa Morada em busca desses lugares. A confusão e as discussões eram enormes e incomoda-

vam toda a nossa gente. Então o louco foi morto e a paz voltou. Por isso, meu caro Jovem, passar para o lado de lá significa morrer. A vida nas árvores é segura. Volte comigo.

Era importante obedecer ao Mais Velho. Viver nas árvores era seguro; por isso voltou para o meio da mata como lhe havia sido ordenado. Porém, quando tinha certeza de que não estava sendo observado pelos Anciãos, voltava à Margem. Imaginava terras mais altas do que as árvores e um lugar de águas sem fim.

Ele percebia que, de vez em quando, outros Jovens o espreitavam entre os ramos. Falava-lhes repetidas vezes:

— Não há o que temer. É muito tranqüilo e, vejam, estou inteiro.

Ninguém ficava ao seu lado na Margem, mas, às vezes, mesmo sem sair de onde estavam, faziam-lhe companhia.

Um dia decidiu que queria saber mais a respeito do tamanho da sua Morada e foi até o Mirante. Começou a escalada e, quase no meio do caminho, foi abordado por um Guardião que lhe disse:

— Você não deveria estar aqui.

— Vim para aprender — foi a melhor resposta que encontrou.

Depois de uma longa pausa, o Guardião acenou em sinal de consentimento e o acompanhou ao topo da árvore, onde o que viu quase o fez perder o equilíbrio... Viu a Morada estender-se até onde a vista alcançava, até encostar no Céu em três direções. Na outra direção, o Espaço Aberto, desprovido de árvores, terminava no horizonte, onde tocava o Céu.

Olhou com muita atenção para o Espaço Aberto à procura de algum sinal de terras altas ou imensidões de água. Viu apenas grama e uma vegetação rasteira. Continuou a olhar atentamente enquanto o Guardião o observava de perto.

— Como você bem pode ver — disse o Guardião —, nossa Morada é maior do que qualquer outra coisa, exceto o Céu.

Decepcionado, o Jovem olhou para o Guardião. De repente, viu algo mexer-se na grama em direção às árvores.

— O que é aquilo? — A resposta do Guardião quase o fez desprender-se do galho pela segunda vez. O Guardião começou a pular e a gritar:

— Quadrúpede! Um Quadrúpede está se aproximando da nossa Morada! — E disparou para o chão quase sem tocar os galhos, na tentativa de avisar os outros.

Isso deixou o mais velho dos Jovens sozinho no topo do Mirante. Ele conseguia ouvir os gritos e berros dos outros enquanto se dirigiam ao abrigo seguro das árvores da mata. Ele conseguia ver o Quadrúpede avançar em direção à Morada.

Surpreendeu-se com a própria calma. A presença de um Quadrúpede era um perigo, e quase sempre o incomodava. Talvez porque estivesse tão acima de todo aquele alvoroço. Talvez por causa das novas perspectivas que lhe trazia a nova altitude. Ele não sabia ao certo. Só sabia que sofrera uma mudança profunda. Também sabia que um dia encontraria um modo de conhecer o que havia naquele lugar onde terminava o Espaço Aberto e começava o Céu. Um dia ele encontraria um jeito. Quem lhe dera poder voar...

Capítulo Um

Macacos não voam

Vivemos num planeta com aproximadamente seis bilhões de seres humanos razoavelmente inteligentes; um planeta que poderia ser visto como um jardim. A maioria dos seres da nossa espécie parece alheia a esse fato por se ocupar com a luta pela sobrevivência. A oportunidade de experimentar e aproveitar o que este planeta tem a oferecer é dada a todos. Poucos, no entanto, têm tempo, energia ou disposição para compreender de fato o lugar extraordinário em que vivemos.

Não admiramos o incrível jardim à nossa volta porque não admiramos (ou sequer conhecemos) o incrível jardim que trazemos dentro de nós. Não temos idéia do que somos de fato e do que somos capazes de criar. Nós vemos o mundo com os olhos de um corpo limitado na sua capacidade de perceber. Nós enxergamos por meio de perspectivas e crenças limitadas e parciais.

Nossa perspectiva e nossas experiências de vida são o resultado de informações armazenadas, que tanto são de origem ***genética*** (inerentes ao corpo) quanto ***cultural*** (aprendidas). Essas informações moldam nossas reações ao mundo exterior. Também determinam se contribuímos muito ou pouco com esse mundo, bem como o aspecto dessa contribuição. É importante entender que ***tudo*** o que o corpo faz é resultado de informações armazenadas. Essas informações são de natureza eletroquímica. Compreender esse fato é o primeiro passo para descobrir o poder de modificar, não somente as reações do seu organismo, mas também para descobrir sua capacidade de criar a sua realidade, a sua vida, de modo consciente.

O DNA humano contém essencialmente informações de sobrevivência (em torno de 95%). São o que eu chamo de Informações Primatas de Sobrevivência, visto que o organismo humano compartilha essas mesmas informações genéticas com os organismos de chimpanzés e gorilas. Isso não significa que **nós** somos iguais aos chimpanzés e gorilas, mas que o nosso organismo tem uma grande quantidade de informações iguais e que, portanto, um grande número de nossas respostas automáticas são iguais. (Esse assunto será discutido com mais detalhes nos capítulos seguintes.) Essas informações genéticas dizem ao organismo como reagir em situações potencialmente ameaçadoras – o que comumente é chamado de comportamento-resposta. É essa informação que também nos permite sentir medo, raiva, fúria e ódio – e, por questão de sobrevivência, também nos permite sentir compaixão e amor.

É curioso notar que, para o nosso organismo, tanto a raiva quanto o amor são considerados necessários à sobrevivência. A raiva, usada para compensar outra reação do primata chamada medo, é empregada como reação automática à agressão sofrida. O amor e a compaixão, por outro lado, são necessários para garantir a cooperação entre os membros de uma mesma espécie e são usados na ajuda prestada aos mais jovens.

Nosso organismo começa a acumular informações culturais assim que é concebido. Por serem as reações emocionais da mãe um fenômeno químico, o bebê sofre a influência dessas reações e respostas emocionais. O bebê também percebe as reações da mãe por meio de sons. É influenciado pela reação química da mãe ao som de palavras como *papai* e *vovó,* e por vozes femininas em geral. Por meio das reações da mãe, o organismo do bebê aprende quais sons causam medo, quais causam tensão e quais resultam numa sensação de paz ou ausência de tensão.

O processo do nascimento é outra experiência em que o organismo do bebê acumula quantidades grandes e importantes de informação. Embora seja rara a lembrança consciente (informação) dessa experiência ao longo do desenvolvimento da criança, o *corpo* lembra-se dela enquanto estiver armazenada. O modo como se embala o bebê, os tipos de sons que ouve, quantas vezes são tranqüilizadores, quantas vezes neutros e distanciados. Tudo isso começa a fornecer ao bebê informações sobre sua segurança nesse novo lugar "fora da mãe".

À medida que a criança cresce, cresce também o acúmulo de informações. A educação se expande e passa a incluir informações relacionadas com a comunicação e com as mudanças de comportamento:

aprender como e quando tornar claras suas idéias e que comportamentos são aceitáveis ou não. De igual importância é a educação que a criança passa a receber sobre o valor de si mesma. É essa informação armazenada que abordaremos com grande freqüência nesta obra.

A criança avalia a importância ou o valor de si mesma como resultado direto da forma como se vê tratada e avaliada pelas pessoas importantes que a cercam: as pessoas envolvidas na sua sobrevivência. Se um dos pais demonstra apreço e estima pelo filho, esse aceita o tratamento como verdade e passa a tratar a si mesmo e aos outros de igual maneira. Se, no entanto, um dos pais confunde essa reação com a idéia de que o filho só tem valor quando adota comportamentos aceitáveis, então ele passa a ficar confuso, frustrado e, por fim, com raiva. Se um dos pais age como se o filho fosse um estorvo ou algo sem valor, ele aceita essa informação como verdade e passa a tratar a si mesmo e aos outros de igual maneira.

Algo interessante acontece na psique humana quando o indivíduo depara com uma percepção negativa da importância de si mesmo, e isso tem que ver com a natureza das informações genéticas básicas. A maior parte das informações genéticas destina-se a preservar a vida, isto é, a evitar a morte. ***Essa é a prioridade do organismo***. Como resultado disso, o organismo é colocado constantemente a postos contra toda e qualquer ameaça em potencial. O organismo interpreta toda negatividade como algo contra o qual deve se colocar a postos — toda negatividade é considerada uma ameaça. Portanto, a visão negativa de si mesmo tem um efeito maior sobre o indivíduo do que a visão positiva. É por isso que a criança vista ao mesmo tempo de modo positivo e negativo, percebe, ***lembra*** e responde com mais freqüência aos julgamentos negativos. Essa é uma reação inconsciente de sobrevivência. É por esse mesmo motivo que dar repetidas respostas positivas é tão importante: isso garante que a criança lembre e guarde essas informações de maneira adequada.

Ao olhar para o nosso planeta e observar como os humanos têm se tratado, é muito fácil reconhecer o tipo de informação mais comumente armazenada no organismo humano. Comportamentos motivados pela sobrevivência são os mais fáceis de encontrar na nossa espécie. Qualquer disputa por território é motivada por uma reação primata, quer seja o alvo da disputa um país ou uma vaga no estacionamento. Outro comportamento típico de impulsos primatas é a ganância. A necessidade inconsciente de obter o mínimo de qualquer coisa necessária à sobrevivência leva muitos a adotar um comportamento hostil e insensível.

Conflitos gerados por questões relacionadas com o poder tanto podem ser de origem genética quanto cultural. Se o indivíduo responde a uma latente percepção negativa de si mesmo, pode acabar compensando esse sentimento fazendo os outros parecer ainda menos importantes. Comportamentos determinantes de hierarquia social entre crianças e adultos são um exemplo perfeito da questão do poder de origem cultural.

O estímulo genético para os conflitos em torno do poder é o desejo inconsciente do indivíduo de não morrer. O fato de alguém ter em suas mãos poder em demasia pode causar mal-estar físico ou emocional em outras pessoas. (Lembre-se de que as palavras *ferimento* e *morte* têm igual valor para o organismo.) Se uma reação de fuga não for aceita pelo indivíduo, então deve haver uma compensação pela ameaça em potencial. Na maioria das vezes, essa compensação se dá por imposição da postura, elevação da voz, expressão de raiva ou até pelo uso da violência.

Hoje as reações primatas de sobrevivência do organismo geram a maior parte da violência e das inquietações sociais no nosso planeta.

Das fobias e do uso abusivo de drogas ao excesso de velocidade e ao estupro — todos são reações a uma combinação de informações genéticas de sobrevivência aliadas a informações que revelam pouco amor-próprio.

A maioria das religiões têm o propósito de contrabalançar as reações negativas do primata e estimular as reações positivas do amor e da compaixão. Entretanto, tornaram-se mais uma justificativa para a raiva e o comportamento agressivo. Atentados a clínicas de aborto, o conflito entre católicos e protestantes na Irlanda e o caos no Oriente Médio são alguns exemplos. Embora a maioria desses conflitos também seja motivada por perda ou ganho de territórios, a religião é a principal justificativa para matarem uns aos outros. Isso não significa que todos os representantes da nossa espécie estejam usando a religião para justificar conflitos, mas que, em geral, é a isso que ela se destina no nosso planeta.

Se a perspectiva de sobrevivência do primata é a força de motivação predominante em nós, as disputas por território, as guerras e as lutas por riqueza e alimentos só tendem a aumentar de acordo com o aumento da população. De fato, ao olharmos para o nosso planeta, parece que isso já está ocorrendo. Será que isso significa que a nossa espécie está fadada a se exterminar um dia?

Como podemos então superar o medo, a agressão, o primata que existe em nós? A cada dia recebemos exemplos do quanto é difícil superar e dominar esses comportamentos. Não fumar aquele cigarro a mais; não comer mais uma porção daquele prato saboroso, mas que pode fazer mal; não gritar com uma criança porque a sua paciência chegou ao fim; não se preocupar com números insignificantes no seu talão de cheques; não tomar aquela dose extra que melhora tudo – até que ponto tudo isso é fácil ou difícil?

Não responder com raiva quando alguém o insulta; não se fechar a críticas; não se referir à pessoa que acaba de ultrapassá-lo no trânsito com termos depreciativos – até que ponto são atitudes comuns? Quantas vezes a raiva, a frustração e o medo tomam conta dos nossos pensamentos e reações? Nos últimos anos, líderes políticos e religiosos têm dispensado boa parte do tempo pedindo desculpas pela incapacidade de resistir ou dominar sua natureza humana.

A maioria de nós parece fraca para lidar com essas questões. A oração e a meditação podem nos afastar delas por algum tempo, mas as reações básicas ainda fazem parte de nós, e superá-las parece uma luta constante. Será que a vida tem de ser uma luta contra nós mesmos? Será que tem de ser uma questão de espírito ***em oposição*** à matéria? Há uma maneira menos estressante e mais harmoniosa de coexistir com o nosso corpo... ou será que somos, afinal, ***apenas*** humanos?

Resumo

A perspectiva do corpo

INFORMAÇÃO DO DNA Genética	+	INFORMAÇÃO CULTURAL Aprendida	=	NOSSA REALIDADE
COMPORTAMENTO DE SOBREVIVÊNCIA Luta ou Fuga	+	VALOR DA PESSOA (Opinião positiva ou negativa do indivíduo sobre o valor de si)	=	REAÇÕES À VIDA
COMPORTAMENTO DE SOBREVIVÊNCIA	+	OPINIÃO POSITIVA (Sou importante e igual aos outros)	=	SATISFAÇÃO (Relacionamentos permeados por cooperação e amor)
COMPORTAMENTO DE SOBREVIVÊNCIA	+	OPINIÃO NEGATIVA (Não sou importante e nem sou igual aos outros)	=	AGRESSÃO (Relacionamentos permeados por separação e raiva)
COMPORTAMENTO DE SOBREVIVÊNCIA	+	RESPOSTA COMBINADA (Às vezes sou importante e igual aos outros)	=	MEDO E *STRESS* (Relacionamentos permeados por competição e carências)

Resumo

Exemplos de informações genéticas

Nossa programação Genética é uma força motivadora inconsciente. Ao discutir o assunto, estamos observando as reações do seu *corpo*. Geralmente, elas não refletem o que você pensa ou acredita de modo consciente.

1. Manter a energia vital de cada um (manter o corpo vivo) é o principal objetivo.
2. A morte do corpo marca o fim da consciência; a morte é, portanto, a aniquilação do Ser.

Alguns exemplos de comportamento e reações habituais resultantes dessas duas primeiras realidades genéticas subjacentes são:

- Medo do desconhecido.
  – Algo "desconhecido" pode ser uma ameaça, ou seja, a morte em potencial.
- Medo do escuro.
  – O escuro oculta "o desconhecido".
- Sustos com barulhos repentinos.
  – Até que seja revelada a fonte do barulho, o mesmo é algo "desconhecido".
  – Quanto mais alto e mais próximo estiver o barulho, maior será a ameaça em potencial.
- Tensão ou nervosismo perto de estranhos (estranhos são "desconhecidos").
- Tensão (medo) em situações ou lugares novos.
  – "Novo" significa "desconhecido".
- Resistência a mudanças.
  – Uma mudança pode resultar numa "nova" situação.
- Permanência em situações negativas quando a lógica revela a necessidade de mudar.
- Uso da raiva para compensar o medo.
  – A raiva é a maneira de o nosso corpo se impor quando o medo o faz sentir-se pequeno diante da ameaça percebida.
- "Imposição da postura" perto de estranhos ou em situações novas.
- Distanciamento físico ou emocional.
  – Usado quando a raiva ou a imposição da postura são considerados insuficientes para compensar uma ameaça percebida de modo consciente ou inconsciente.
- Obtenção de alimento, abrigo e roupa.

– Quer o indivíduo produza esses itens para si, trabalhe para obtê-los de outros ou os furte, o propósito é o mesmo: manter o corpo vivo.

3. Perpetuar a espécie é objetivo secundário e tem praticamente a mesma importância do objetivo primário.

Exemplos:

- O adultério e a infidelidade.
- O entusiasmo que a maioria dos humanos tem pelo sexo.

4. Determina a aparência física e o funcionamento do organismo.

Exemplos:

- Traços, peso e cor da pele.
- Propensão a determinadas moléstias e doenças.

Resumo

Exemplos de informações culturais

A formação cultural varia de lugar para lugar no nosso planeta. Essa abordagem do assunto não contém juízos de valor; apenas destaca as várias formas de informação passadas dos adultos para as crianças.

1. Modifica o comportamento de sobrevivência de cunho genético da pessoa para conformar-se às necessidades de sobrevivência da coletividade, em vez de ameaçá-las. A coletividade pode ser a família, a comunidade, o país ou qualquer outra forma de associação humana da qual a pessoa faz parte.

Exemplos:

- Esperar pela sua vez.
- Falar quando abordado.
- Expressar aspectos pessoais positivos.
- Não mencionar aspectos pessoais negativos.
- Não tratar outros membros da coletividade com violência.

- Usar o tempo e a disposição para o bem de todos.
- Fazer caridade.
- Não trazer "desgraças" para a coletividade.

2. Define o papel ou contribuição que se espera da pessoa dentro das várias coletividades.

Exemplos:
- Afirmações tais como "Dê-nos motivo de orgulho" ou "Não nos decepcione".
- Usar o sexo para determinar o que a pessoa pode ou não pode fazer da sua vida.
- Usar a cor da pele para determinar o que a pessoa pode ou não pode fazer da sua vida.
- Cultivar as tradições e os valores morais da família.
- Afirmações tais como "Comporte-se como gente de bem".

3. Define o valor pessoal do indivíduo.

Exemplos:
- Ser considerado "bom" devido a um comportamento considerado bom.
- Ser considerado "mau" devido a um comportamento considerado mau.
- Receber comentários positivos, por ser mais esperto, rápido e/ou eficiente.
- Receber comentários negativos, por ser menos esperto, mais lento e/ou menos eficiente.
- Receber comentários negativos por não ser como os outros, que representam a maioria da coletividade.
- Afirmações como "Por que você não é tão esperto quanto seu irmão/ irmã?" ou "Você nunca vai dar em nada porque é burro".
- Afirmações como "Eu te amo de qualquer maneira".

4. Define o relacionamento e o comportamento da pessoa com os membros da coletividade que têm mais ou menos importância (poder ou autoridade).

Exemplos:

- Que tom de voz usar e quando.
- Olhar ou não nos olhos dos outros.
- Usar ou não expressões como "por favor" e "obrigado".
- Saudar, curvar-se, ajoelhar-se.
- Reações a vários tipos de uniforme (militar, médico, religioso etc.).
- Aceitar tratamento agressivo somente dos que ocupam postos mais elevados ou que detêm reconhecidamente mais poder (pais, irmãos mais velhos, professores etc.).

ATIVIDADES

Sem pressa, registre numa folha em branco suas respostas às seguintes perguntas da forma mais honesta possível. Isto não é um teste. Não há respostas certas e erradas. Trata-se apenas de uma oportunidade de aprender mais sobre si mesmo.

Descubra o que o está influenciando

Influências genéticas

1. Você às vezes se frustra com suas reações automáticas ao comportamento de outras pessoas? Sim ou Não.
2. Com que freqüência? Quantas vezes num dia? Numa semana? Em uma hora?
3. Há alguma substância (certos tipos de comida, drogas ou álcool) à qual você às vezes não consegue resistir?
4. Mencione duas dessas substâncias e indique exatamente **quando** você não consegue dizer "não". Observação: *Não se esqueça de itens como analgésicos e receitas médicas.*

5. Mencione três de suas reações emocionais negativas mais fortes e as causas exatas.
6. Mencione três de suas reações emocionais positivas mais fortes e as causas exatas.
7. Em que a sua vida seria diferente se você pudesse responder "não" com sinceridade à terceira pergunta?
8. Sua vida seria diferente se de fato não tivesse uma resposta para a quinta pergunta?
9. Mencione três reações automáticas de medo sobre as quais você não tem controle.

Saiba o que o está influenciando

Influências culturais

1. Quando criança, a maioria das pessoas ouve comentários positivos ou negativos a respeito do valor de si mesmas. De qual tipo você mais se lembra? Do positivo ou do negativo?
2. Mencione cinco exemplos de comentários *verbais* positivos que você lembra ter recebido quando criança.
3. Mencione cinco exemplos de comentários *não-verbais* positivos que você lembra ter recebido quando criança.
4. Mencione cinco exemplos de comentários *verbais* negativos que você lembra ter recebido quando criança.
5. Mencione cinco exemplos de comentários *não-verbais* negativos que você lembra ter recebido quando criança.
6. Relate a primeira vez em que você foi chamado de "bom garoto" ou de "boa garota" de que tenha lembrança.

7. Relate a primeira vez em que foi chamado de “mau garoto” ou de “má garota” de que tenha lembrança.
8. Você se preocupa com o que os outros pensam a seu respeito? Observação: A resposta “às vezes” equivale a “sim”.
9. Você acha mesmo que é uma boa pessoa?
10. Acha que poderia ser melhor?
11. Acha que é um projeto em execução?
12. Você vê alguma diferença entre as Perguntas 10 e 11?

TAREFAS

Observe as influências que o estão afetando

As Tarefas foram formuladas para dar-lhe a oportunidade de descobrir de que modo as informações deste capítulo podem se aplicar à sua vida. Também visa ajudá-lo a tornar-se mais consciente de como exatamente a programação do seu organismo está afetando o seu comportamento e suas reações diárias.

Seu Relatório Diário de Comportamento deve incluir três ou mais situações (positivas ou negativas) que aconteceram durante o dia.

1. Relate a situação de modo suscinto.
2. Mencione o maior número possível de reações e respostas a essa situação.
3. Determine se cada reação ou resposta foi provocada por um fator genético ou cultural (ou por ambos) e observe os motivos.

Você pode relatar as observações que fizer sobre si mesmo no decorrer do dia ou ao anoitecer, antes de ir para a cama. Mais uma vez, é importante lembrar que isto não é um teste e que não existem respostas certas ou erradas. Esta é simplesmente uma oportunidade de aprender mais sobre si mesmo.

Depois de uma semana relatando três situações diárias, você perceberá que vai começar a determinar automaticamente a origem das suas reações e comportamento no decorrer do dia. A essa altura, poderá interromper a atualização do Relatório ou continuá-la por simples prazer. De qualquer modo, já estará muito mais "consciente das coisas que o influenciam".

O texto seguinte serve de exemplo a um possível Relatório:

MEU RELATÓRIO DIÁRIO DE COMPORTAMENTO

Quinta-feira, 3 de novembro.

Situação: Passei por um mendigo.

Primeira Reação: Percebi que passei apressada por ele.

Segunda Reação: Desviei o olhar; não consegui olhá-lo.

Terceira Reação: Senti que meu corpo ficou tenso; eu estava com medo dele.

Quarta Reação: Durante meia hora, fiquei impaciente e com raiva de todo mundo.

Notas sobre a Reação 1
Eu queria desviar-me dele o mais rápido possível.

"Desviar-me rapidamente" = Eu estava com medo. = Fuga. Portanto, desviar-se rapidamente = medo, reação **genética**.

Notas sobre a Reação 2
Desviei o olhar porque não queria ter de me relacionar com ele.

"Eu não queria me relacionar" = Estava com medo = medo, reação **genética**.

Desviei o olhar porque estava envergonhada por ele.

"Envergonhada por ele" = Lembro-me de muitas vezes ter visto meu pai ficar envergonhado quando não tínhamos dinheiro suficiente para comprar alguma coisa ou quando não tínhamos condições de ter o que o meu avô tinha.

"Envergonhada por ele" = Lembro-me de a minha mãe gritar comigo uma vez quando cheguei muito suja da escola.

– Quer que as pessoas pensem que você é pobre, burra ou preguiçosa? O que vão pensar do seu pai e de mim?

Portanto, desviar o olhar = fator **cultural**.

Notas sobre a Reação 3

Percebi que o meu corpo estava tenso; eu estava com medo dele.

Acho que pensei que ele pudesse me fazer algum mal = algo desconhecido pode me magoar. Portanto, o desconhecido = medo = fator **genético**.

Notas sobre a Reação 4

Fiquei impaciente com todos porque estava com raiva de mim mesma devido à minha reação ao mendigo.

Eu me senti como uma tola. Quando me sinto como uma tola, sinto-me pequena. Quando me sinto pequena, às vezes desconto nos outros – lei do mais forte. Portanto, descontar nos outros = reação **genética**.

Resumo da Primeira Situação

Hoje passei por um mendigo e observei que as minhas reações eram próprias do primata: "fuga" e "lei do mais forte".

Hoje passei por um mendigo e observei que as minhas reações foram as que aprendi com meus pais durante a infância.

Capítulo Dois

Saiba que eu não sou um primata

Sou uma alma que luta para se lembrar disso enquanto está na condição de ser humano

Essa afirmação, mais do que qualquer outra, parece resumir a nossa experiência neste planeta. Não somos primatas, do ponto de vista genético; no entanto, nosso corpo é primata e essa influência muitas vezes parece intransponível. A boa nova, porém, é que não somos o corpo; somos o que o anima. Não somos a forma física na qual nos locomovemos; somos algo muito maior. Nesta obra, esse algo será chamado de Alma ou Eu Superior. É *quem* ou *o que* somos de fato.

A definição de Alma que usaremos aqui é aquele aspecto do Ser que nos liga ao Deus Pai, Fonte ou Criador (use o termo que achar melhor). Também é visto como aquele aspecto do Deus Pai, Fonte ou Criador que permeia a nossa forma humana e lhe dá ânimo.

Isso significa que temos acesso direto a uma parte de nós cuja perspectiva baseia-se no amor, na compaixão, na sabedoria e na paz. Significa que podemos ter acesso a uma realidade que não inclui o medo, a autocrítica, o sofrimento ou o ódio. Também significa que somos capazes de controlar o imenso poder criador da nossa Alma.

Não é suficiente ler sobre os princípios do amor e da imparcialidade da alma, ou compreendê-los intelectualmente. Ser bem versado não muda o medo e as reações de sobrevivência *inerentes* ao nosso corpo. Não é suficiente visitar, ocasional ou freqüentemente, os estados da mente que nos fazem conhecer a realidade da Alma, que é de amor e imparcialidade. Isso apenas nos afasta por algum tempo das reações de medo e sobrevivência.

Se quisermos mudar o comportamento do nosso corpo, temos de mudar *o objeto da sua crença.* Temos de alterar as informações sobre as quais se baseia esse comportamento. O modo mais eficaz de fazê-lo não se resume a estarmos abertos à nossa fonte de perspectivas superiores, mas a integrá-la ao nosso corpo.

Imagine um longo funil pelo qual passa uma grande reserva da Mente Cósmica. Imagine que esse funil está ligado à cabeça de um ser humano. A Mente Cósmica que passa através do funil é Deus, a Fonte ou o Criador; o longo funil é a Alma ou o Eu Superior.

Imagine que a mente de todo ser humano esteja ligada a um desses funis. Preste atenção ao ponto em que o funil se liga à mente. Você verá que somente a menor das partículas da alma consegue passar para o corpo. Via de regra, essa é a quantidade suficiente para animar o corpo. Se continuar a observar, você verá que essa partícula às vezes aumenta de tamanho para aumentar um pouco mais sua influência sobre o corpo. Curiosamente, quando isso acontece, o ser humano chama a partícula de "voz tímida, suave", ou "consciência". Poucos seres humanos sabem dessa ligação (Alma) e que a mesma pode ser experimentada de modo muito mais íntimo, ou estão cientes dos benefícios que essa experiência traz.

Rezar é uma das formas de aumentar essa partícula. Às vezes é possível ver um ser humano entrar num estado mental chamado de "meditação". Quando alguém medita, projeta sua consciência para o funil a fim de examinar a Alma ali contida. Enquanto isso é feito, a Alma adentra um pouco pelo corpo. Quando isso acontece, o corpo relaxa, o cérebro interrompe o pensamento voltado para a sobrevivência e passa a experimentar um certo grau de contemplação da Matéria contida no funil. Essa é uma boa prática para o corpo, que pode sentir tamanho prazer em certos momentos a ponto de entrar em êxtase.

Passado algum tempo, entretanto, o ser humano deve desviar a atenção dessa Matéria e voltá-la para o corpo a fim de lidar com as questões mais reais e práticas do cotidiano. Por fim, o pensamento voltado para as questões de sobrevivência do corpo retoma sua atividade. Para a maioria das pessoas, os efeitos da meditação e da oração não parecem durar muito até que a programação genética voltada para a sobrevivência do primata volte a funcionar.

Esse pequeno descanso dado ao pensamento regulador da sobrevivência é saudável, um curativo para o corpo; e o fluxo crescente de Alma para o corpo é, sem dúvida, uma vantagem. O aumento desse fluxo resulta numa compreensão maior das circunstâncias e problemas da vida. Quando a partícula aumenta para tornar-se até mesmo o menor dos fluxos, as experiências de amor, paz, perdão, gratidão e inspiração são vividas com muito mais freqüência.

Quando o fluxo de consciência da Alma torna-se uma experiência consciente e constante, os modos de percepção e reação do corpo são alterados. As reações de medo diminuem e as reações de paz, agora fortalecidas, aumentam. Os desafios da vida tomam a forma de experiências e oportunidades. O negativismo dos outros transforma-se em criatividade. A doença e o cansaço, a depressão e a solidão tornam-se coisas do passado. Você consegue imaginar-se acordando a cada manhã dizendo um "sim" sonoro e sentindo uma imensa gratidão por mais um dia para descobrir mais sobre o Eu e o mundo à sua volta? Pois bem, é isso o que acontece com uma Alma que ganha a liberdade de se expressar por completo por meio de uma forma humana.

Logo, os processos de meditação e oração são vistos como duas formas muito importantes de abrir-se à realidade mais ampla da Alma, uma realidade de amor e de alegria. Nesta obra, porém, trabalharemos com uma terceira abordagem, que pode ser usada em conjunto com qualquer prática religiosa ou espiritual usada atualmente. Essa nova abordagem enaltece e cria uma relação mais íntima com qualquer Força Superior com a qual a pessoa esteja sintonizada. Essa "relação mais íntima" não é obtida por meio da oração ou do contato com uma Força Superior fora de nós mesmos. Ela é criada quando trazemos a Força Superior diretamente para o corpo, incorporando *o que ele conhece* no âmbito celular ou mesmo no genético.

O Paraíso *na Terra* (para usar a terminologia cristã) é o que a maioria de nós deseja. Visitar o Paraíso, embora possa ser prazeroso e educativo, não é a resposta, pois ainda faz a Terra parecer um lugar cheio de seres humanos inspirados, mas sofredores. Os seres sofredores precisam ficar mais serenos no seu íntimo. A realidade do Paraíso deve tornar-se parte da consciência que se tem do corpo. Desse modo, o nosso planeta pode vir a ser um lugar tranqüilo, acolhedor e de fato alegre, não importando quantos bilhões de seres humanos habitem a sua superfície.

Nós, os Seres que habitam o corpo, sabemos voar. A meditação, a oração e as experiências extracorpóreas nos permitem voar, dando à mente oportunidade para explorar outros mundos, outras formas de existência. Nosso corpo, no entanto, não conhece essa liberdade. Existe numa realidade baseada no tempo e na gravidade que lhe impõe limites. As experiências físicas que fogem a essa regra são raras e consideradas místicas ou miraculosas.

Existe um meio natural de ensinar ao primata que existe em nós a voar; um meio de transplantar fisicamente o corpo para além dos limites impostos pelo tempo e pela gravidade. Isso é possível de um modo que nos permite manter os relacionamentos e as atividades práticas do cotidiano sem ter de entrar para um convento ou adotar uma nova religião. Os únicos itens sacrificados são o medo, a dúvida e a autocrítica. A única exigência é investir tempo e vontade. Não se trata de um processo mágico, embora possa, às vezes, dar essa impressão. Não é místico, embora seja, sem dúvida, espiritual. Não é um truque; está, na verdade, baseado nas leis reais da física. Os primatas *podem* voar... basta saber como alterar a parte deles que faz com que eles pensem o contrário.

Resumo

A alma

- É a nossa ligação com A Fonte.
- É o aspecto da Fonte que anima o corpo humano.
- É eterna.
- Existe numa realidade que não inclui as perspectivas de sobrevivência do primata.
- Existe numa realidade que inclui o amor e a paz.
- Compreende o objetivo maior de cada ser.
- Compreende a unicidade e a correlação de todos os fatos e de todos os seres.
- Não é capaz de julgar.
- Permanece exclusivamente voltada para o corpo humano que anima.
- É uma fonte constante de perspectiva e inspiração mais elevadas.

ATIVIDADES

Sem pressa, registre numa folha em branco suas respostas às seguintes perguntas da forma mais honesta possível. Isto não é um teste. Não existem respostas certas e erradas. Trata-se apenas de uma oportunidade de aprender mais sobre si mesmo.

Saiba quais fatores o estão influenciando

Influências da alma

1. Já houve na sua vida alguma fase de medo e cansaço extremos em que, de repente, uma sensação de calma tomou conta de você?
2. A que você atribui essa calma repentina?

3. Já ficou desesperado, num estado de confusão e indecisão quando, de repente, passou a enxergar tudo de modo extremamente claro e soube exatamente o que fazer?
4. A que você atribui essa lucidez e conhecimento?
5. Já teve alguma vez a sensação de ser muito mais do que humano?
6. Quando?
7. Você reza ou faz meditação?
8. Quantas vezes na semana? No dia? Em uma hora?
9. Sente-se mais calmo e em paz depois de rezar ou meditar?
10. Por quanto tempo?
11. Você acredita que sua Alma (ou Força Superior) lhe apresenta uma perspectiva essencialmente diferente?
12. Quais seriam, na sua opinião, as maiores diferenças nas suas perspectivas?
13. Você acredita que a perspectiva da sua Alma (ou Força Superior) poderia trazer benefícios para o seu dia-a-dia?
14. Qual seria, na sua opinião, o maior benefício?
15. Há outros benefícios?
16. Qual você acha que é a opinião da sua Alma a seu respeito?
17. O que, em particular, você gostaria de perguntar à sua Alma (ou Força Superior)?
18. O que, na sua opinião, a sua Alma (ou Força Superior) realmente gostaria que você soubesse?
19. Você considera a sua Alma (ou Força Superior) uma aliada?
20. Por quê? Se não, por quê?
21. Você acredita que a sua Alma (ou Força Superior) poderia ajudar a diminuir o uso que o seu corpo faz de sentimentos negativos?

22. Por quê?

23. Você acredita que a sua Alma (ou Força Superior) poderia ajudar a diminuir as experiências negativas da sua vida?

24. Por quê?

25. Há alguma diferença entre o modo como você e a sua Alma (ou Força Superior) reage à palavra "Amor"?

26. Qual é a diferença?

27. Há alguma diferença entre o modo como você e a sua Alma (ou Força Superior) reage à palavra "Ser"?

28. Qual é a diferença?

TAREFAS

As tarefas foram formuladas para ajudá-lo a ficar mais consciente do modo como a sua Alma pode influenciar o seu comportamento e suas reações cotidianas.

Analise a influência da alma

Tarefa — primeira parte

Faça o seguinte trabalho de visualização uma ou duas vezes ao dia durante três dias. Este processo requer apenas alguns minutos para ser concluído e foi feito para dar-lhe um novo nível de comunicação entre a sua Alma e o seu Corpo. O Processo é mais eficaz se você o fizer sentado.

Primeira etapa. Visualize um fluxo de energia ou de consciência partindo da Fonte em direção à sua cabeça. Imagine que esse fluxo de energia ou consciência seja a sua Alma, a sua Força Superior. Lembre-se de que é somente com a sua Alma ou Força Superior que você está trabalhando no momento.

Segunda etapa. Sinta uma pequena quantidade desse fluxo entrar pela parte superior da sua cabeça.

Terceira etapa. Imagine que um fluxo ainda maior da sua Alma se espalhe pelo seu corpo na forma de bolha. Sinta a bolha de energia Anímica no ar que o cerca.

Quarta etapa. Deixe a energia e a consciência da Alma entrar em você e, lentamente, espalharem-se pelos ossos, pelos músculos, órgãos e tecidos.

Quinta etapa. Observe a reação do seu corpo à sua Alma enquanto você continua a respirar calmamente.

Sexta etapa. Depois de alguns minutos, agradeça ao seu corpo e à sua Alma pela experiência e volte a sua atenção para o recinto onde se encontra.

Relate suas observações assim que possível, incluindo tanto as reações físicas quanto as mentais.

Observação: se "visualizar" for algo difícil para você, usar a "imaginação" também pode lhe proporcionar essas sensações.

Tarefa — segunda parte

Execute o seguinte processo uma vez ao dia durante três dias. Este processo dura apenas alguns minutos e foi feito para gerar um nível diferente de apoio entre a sua Alma e o seu Corpo. O Processo produz melhores efeitos se o fizer sentado.

Primeira etapa. Visualize um fluxo de energia ou consciência partindo da Fonte em direção à sua cabeça. Imagine que esse fluxo de energia ou consciência seja a sua Alma, a sua Força Superior. Lembre-se de que é somente com a sua Alma ou Força Superior que você está trabalhando no momento.

Segunda etapa. Sinta uma pequena quantidade dessa consciência entrar pela parte superior da sua cabeça.

Terceira etapa. Imagine que um fluxo ainda maior da sua Alma esteja se espalhando à sua volta em forma de bolha. Sinta a bolha de energia Anímica no ar que o cerca.

Quarta etapa. Peça à sua Alma para criar a própria realidade da palavra "Amor" na bolha que formar ao seu redor.

Quinta etapa. Deixe a energia de "Amor" da sua Alma entrar no seu corpo, e lentamente espalhar-se pelos ossos, músculos, órgãos e tecidos.

Sexta etapa. Observe as reações do seu Corpo à manifestação da sua Alma enquanto você continua a respirar calmamente.

Sétima etapa. Depois de alguns minutos, agradeça ao seu corpo e à sua Alma pela experiência e volte a atenção para o recinto em que se encontra.

Você pode sentir vontade de continuar a usar o processo substituindo as seguintes palavras na Quarta etapa: Amor-Próprio, Verdade, Objetivo Superior, Força Superior, Liberdade, Paz. Repita o processo três vezes para cada nova "palavra" e continue a relatar suas experiências e observações ao longo do processo.

Observação: Essas experiências podem ser muito óbvias e fortes ou podem ser muito mais sutis. Observar as reações do seu corpo durante o processo será uma indicação de que a ação da Alma está de fato exercendo efeito sobre o seu corpo e que a experiência é real.

A História

Segunda Parte

Preciso de asas para voar?

Nos dias e meses que se seguiram, deixaram que ele passasse quanto tempo quisesse nos galhos mais altos do Mirante. Ele teve o cuidado de não atrapalhar os Anciãos Guardiões e ouviu atentamente quando lhe falaram de tipos diferentes de Quadrúpedes que conseguiam ver desse que era o lugar mais alto da sua Morada. Contaram-lhe a respeito das outras criaturas que habitavam o Espaço Aberto. Ensinaram-lhe sobre os vários tipos de pássaros que podia ver sobrevoando a mata. Também lhe ensinaram as diferenças entre os Quadrúpedes perigosos e os que não se aproximavam da Morada para comer sua gente.

Em mais de uma ocasião, ele foi o primeiro a perceber o perigo se aproximar lentamente da Morada. Mais de uma vez, ele ouviu os Guardiões fazerem comentários sobre a sua visão, que chamavam de Visão Ampla. Ele estava contente por dar a sua contribuição, mas o que o deixava ainda mais feliz era que a Visão Ampla lhe assegurava um lugar nos galhos mais altos. Era emocionante saber que ele conseguia ver mais longe do que qualquer outro conseguira até então.

Certa manhã, ele estava prestes a começar a escalada para o seu posto favorito, quando O Mais Velho o fez parar com as seguintes palavras:

— Ouvi dizer que você tem contribuído muito para manter a segurança da nossa Morada, Jovem.

— É... — respondeu ansioso. — Estou ajudando.

O Mais Velho olhou-o demoradamente e disse:

— Talvez você esteja pronto para tornar-se um Guardião. O que acha?

Ele não acreditou no que ouviu. Quase começou a pular e a correr em círculos, mas se conteve. Descobriu que já não era mais visto como um Jovem. Já era visto como um Ancião. Acalmou os ânimos e respondeu do modo mais calmo possível:

— Ancião, também acho que estou pronto.

O Ancião passou a falar pausadamente para mostrar que o outro deveria prestar atenção.

— Lembre-se de que é prudente usar a sua visão para o bem da nossa gente em vez de usá-la por curiosidade. Muito mais pode ser visto do Mirante do que da Margem, onde se pode assustar os Jovens. Você tem Visão Ampla, Jovem; use-a com prudência. Sua visão e imaginação lhe trarão as respostas que procura.

Dito isso, virou-se e afastou-se em silêncio, deixando que o novo Guardião refletisse nas suas palavras.

Ele sentiu o prazer de ocupar o novo posto nos meses que se seguiram e levou a sério as novas responsabilidades. Todo dia, cumpria sua tarefa no topo do Mirante, atento a qualquer possível ameaça ao seu povo. Um dia, percebeu que conseguia fazer algo diferen-

te. Percebeu que sentia a aproximação dos Quadrúpedes muito mais rápido quando sua mente não estava tão concentrada na vigília ou quando estava quase cochilando. Chamou a nova habilidade de "ver sem olhar". Essa habilidade dava ao seu povo muito mais tempo de se recolher e havia muito menos pânico entre a gente quando ***o seu*** *aviso era dado.*

Ele estava feliz por contribuir com algo que trazia muito mais paz à sua Morada. Estava feliz porque O Mais Velho estava satisfeito com ele, já que mais de uma vez, depois de retornar ao chão para juntar-se aos outros, O Mais Velho lhe dissera:

— Você está sabendo usar sua Visão Ampla com prudência, Jovem.

O que de fato o deixava contente, no entanto, era que estava aprendendo a desenvolver sua Visão, e que muitas vezes, ao sentar-se nos galhos mais altos, para ver o ponto onde terminava o Espaço Aberto e começava o Céu, pensava:

— Será que eu preciso mesmo de asas para voar?

Capítulo Três

Criando asas — primeira parte

Não seremos capazes de controlar nosso comportamento e nossa vivência, controlar nossa vida de fato, enquanto não compreendermos e aprendermos a recriar as reações automáticas que moldam nossas vidas de modo tão intenso.

No primeiro capítulo, discutimos a força que a programação primata do corpo pode exercer. Também discutimos a influência da programação cultural, que é aprendida, sobre a formação das nossas reações ao mundo. No segundo capítulo, pudemos observar os efeitos que a abertura a uma "outra fonte" de influência e informações exerce sobre o corpo, quer seja essa força a Alma, Deus e/ou aqueles Seres que refletem a Alma. Chegou a hora de dar o próximo passo na ***junção*** da Perspectiva Superior ao corpo.

Embora nosso corpo físico viva uma realidade de medo e sofrimento, o mesmo não acontece com a consciência que o anima. A consciência que anima o corpo existe numa realidade na qual as perspectivas de sobrevivência do corpo simplesmente não existem. Essa consciência animadora, a Alma, não é capaz de sentir o medo ou o julgamento. Não é capaz de entender senão o amor, a paz e uma sincera valorização e compreensão de tudo o que acontece na vida.

Tomemos como exemplo a experiência de ser o alvo direto da raiva de alguém. A interpretação primata que o corpo faz da situação é que o outro pode vir a oferecer alguma ameaça ao seu bem-estar. A reação primata do corpo será fugir da situação ou vencer o outro reagindo com raiva cada vez maior e fazendo cada vez mais escândalo, no afã de forçá-lo a fugir da situação. O resultado final é que o medo inconsciente, a raiva e o desgaste perduram depois de passada a situação em questão. O medo e o desgaste também contribuem para o processo de envelhecimento do corpo.

A Alma, por sua vez, tem um modo totalmente diferente de perceber e reagir ao negativismo. A Alma não é capaz de perceber qualquer ameaça em potencial porque, em última análise, percebe tudo da mesma forma. Tudo, portanto, é igual para ela. A Alma não percebe o outro apenas como uma pessoa irritadiça, mas com uma expressão preciosa da Fonte. Também vê o outro como coadjuvante numa situação potencial de aprendizado ou de serviço para o ocupante do seu corpo (você).

Se o seu corpo fosse capaz de reagir como a Alma, agiria de modo muito diferente numa situação dessas. Você estaria em paz com a raiva do outro, e, por conseguinte, evitaria suas próprias reações de medo, raiva e desgaste. Você pode se afastar calmamente da situação ou pode fazer uso de respostas verbais que reflitam a sua perspectiva de neutralidade e paz.

O resultado final dessa reação em conjunto de Corpo/Alma seria a ausência de reações negativas que desgastam e envelhecem o corpo. Isso criaria um ambiente mais propenso para ajudar o outro a eliminar a causa da sua raiva. E, como você verá em outro capítulo, sua capacidade de perceber o outro como uma expressão preciosa da Fonte o ajudaria a suprimir a necessidade de usar a raiva. Se uma reação física não fosse necessária, as ações do corpo fluiriam e pareceriam muito mais uma dança com o outro; quando se vive no âmbito da Alma, entretanto, as situações que exigem reação física raramente acontecem.

Mestres Etéricos, Guias, Santos, Anjos e outros Mestres têm em comum com a sua Alma a mesma perspectiva de unicidade. Esses Seres Superiores atuam como fonte de inspiração e influência para os que, como nós, vivem no momento em corpos físicos. Cristo e Buda, por exemplo, são dois desses mestres que nos deram exemplos muito concretos de como viver na forma física as perspectivas superiores do amor e da imparcialidade.

A maioria das pessoas deste nosso planeta acredita que há dois Seres imateriais que existem para nos dar apoio – não somente em questões de sobrevivência, mas também para desenvolver uma compreensão maior da nossa essência e razão de ser. A comunicação de uma ou outra forma com esses Seres Superiores faz parte de quase todas as culturas. Acredita-se que esses Seres têm o poder e/ou a perspectiva que se mostrariam benéficos para aqueles que estivessem abertos a eles.

Estar aberto para a sabedoria mais ampla de um Ser Superior pode de fato criar uma sabedoria mais ampla para a nossa mente. Incorporar a ***forma de ser*** dessa Mente Superior, portanto, pode proporcionar cura, paz e transformação espiritual para o nosso corpo.

Imagine não ter de rezar para conseguir ajuda a fim de superar uma situação assustadora ou exaustiva porque o seu corpo está cheio de paz angelical. Imagine ser capaz de reagir ao negativismo das pessoas com compaixão porque a energia que prevalece no seu corpo é o amor. Imagine poder olhar-se no espelho e ver-se com o olhar de Cristo. Imagine poder lutar por um objetivo com a sabedoria e a força da sua Alma. Imagine poder ver o caos do mundo e sentir a paz que um Mestre Ascensionado pode sentir, sabendo que o caos é, na verdade, uma forma de transformação.

Como seria se a Sabedoria Superior fosse a influência primária sobre o nosso corpo, em vez da programação para a sobrevivência do primata? Os processos ensinados neste livro foram desenvolvidos para ajudá-lo a criar exatamente isto: uma nova influência primária para o corpo.

O primeiro dos Processos de Transformação de Weiss (PTW) foi desenvolvido em dezembro de 1989 como resultado do apoio que me foi dado pelos meus Mestres Etéricos Espirituais quando sofri um aborto. Durante esse processo de cura, pediram-me para incluir um dos meus Mestres Superiores no conhecimento pessoal do sofrimento e da raiva. O simples ato de permitir que o Mestre sentisse ***comigo*** as emoções não provocaram somente a descarga das emoções, mas também uma nova perspectiva para essa experiência. O propósito mais elevado para mim, bem como para a Alma do meu filho, foi então totalmente compreendido e aceito com tranqüilidade.

Quando expressei minha gratidão aos meus Mestres pelo apoio maravilhoso, pediram-me insistentemente para "ir mais a fundo e levar o meu Mestre comigo". O próximo acontecimento mudou minha vida para sempre. Passei a sentir a raiva e ter a sensação de perda em níveis mais profundos; emoções que eu reconhecia como "resquícios da minha infância". Eu tivera essas sensações antes durante várias formas de terapia usadas por um período de catorze anos na tentativa de amenizar os efeitos de uma infância de maus-tratos. Dessa vez, no entanto, ao permitir que o meu Mestre sentisse comigo essas emoções, fiquei surpresa com os resultados. Dessa vez, as sensações pareciam dissociar-se e perspectivas inteiramente novas surgiram no seu lugar.

A lembrança de cada emoção transformou-se numa revelação. Aprendi a enxergar com novos olhos. Aprendi a enxergar com os olhos de Cristo. Por exemplo, quando criança, eu pensei que fosse ódio o que eu via no rosto da minha mãe quando me castigava. Eu tinha certeza de que minha mãe me odiava; por que outro motivo trataria a filha daquele jeito? Com a nova visão, no entanto, pude ver que a atitude dela era, na verdade, motivada por frustração. Minha mãe não me odiava; odiava a própria vida.

Quando meu Mestre e eu começamos a reviver a minha infância, fiz outra descoberta muito importante: minha mãe me amava de fato. Embora não me lembrasse de ela demonstrar seu amor com muita freqüência depois dos meus cinco anos, minha nova visão me permitiu perceber que, apesar do seu comportamento, minha mãe me amava de fato. Esse foi um dado muito importante para o meu processo de cura.

Depois de aplicar por dois meses minha nova visão a "todas as coisas ruins das quais eu conseguia me lembrar", consegui enxergar minha infância por outro prisma. Eu não sentia mais raiva de tudo. Tinha mais paciência com os outros e comigo mesma (um pequeno milagre).

Ao expressar minha crescente gratidão aos meus Mestres por seu inacreditável apoio, eles me pediram mais uma vez para "ir mais a fundo e levar comigo o meu Mestre". Por pensar que já havia feito uma boa quantidade de cura, perguntei "por quê". Responderam:

– Isso mesmo. Vá mais fundo, pergunte o porquê.

Foi o que fiz, e o que vi acontecer depois disso mudou tudo... mais uma vez.

Com o meu Mestre e a minha nova visão, examinei a minha vida, fazendo a pergunta importante: por quê? Por que os maus-tratos físicos e abusos sexuais na minha infância? Por que o excesso de álcool e drogas aos vinte anos? Por que as tentativas de suicídio aos trinta? Por que o longo caminho para a cura aos trinta e aos quarenta anos? E por que, em todo esse tempo, tive uma ligação muito forte com a Espiritualidade e uma habilidade psíquica que sempre pareciam me levar a ajudar os outros em situações parecidas? De repente, foi como se uma cortina se abrisse e eu pudesse "ver". Tudo de ruim que até então acontecera comigo tinha como objetivo ensinar-me a compaixão. Os passos que me ensinariam para alcançar a cura seriam algo que eu viria a dividir com outras pessoas.

Pela primeira vez, pude ver com clareza e aceitar o propósito da minha vida. Pela primeira vez, esclareceram-se e perdoaram-se os traumas. Meus pais puderam ser vistos como amigos de Alma que cumpriam um acordo. Meus Mestres tornaram-se meus parceiros, e minha nova visão, um modo de vida.

Catorze anos de oração, de meditação, de Gestalt-terapia, de visões orientadas, de renascimento e de outras formas de terapia de grupo serviram para gerar uma compreensão maior da minha natureza inferior e ajuda superior. Somente depois de permitir que a ajuda superior permeasse a minha natureza inferior, no entanto, é que deu-se início à minha cura de fato e nasceu o Processo de Transformação de Weiss.

Os PTW são baseados na compreensão de que, quando a Verdade Suprema permeia o negativismo do corpo, esse negativismo é neutralizado e substituído por ela. Do mesmo modo que o ar quente transforma uma barra de gelo em líquido, a Verdade (e o amor) alteram o ódio (e o medo).

Há duas maneiras de explicar por que isso acontece: uma está voltada para o lado esquerdo do cérebro, o físico e a outra, para o lado direito, o espiritual.

Vamos começar com a abordagem do lado esquerdo do cérebro e com uma breve discussão sobre a natureza do pensamento. Em termos de física, o pensamento pode ser visto como uma forma de energia, tal como a luz e o som são formas de energia. Enquanto forma de energia, têm freqüência mais alta ou mais baixa.

Por exemplo, se pensarmos num arco-íris com todas as cores dispostas uma ao lado da outra, é fácil ver como a luz se divide em feixes de freqüências variadas. As cores são, afinal, freqüências diferentes de luz, em que o vermelho tem uma freqüência mais baixa que a do violeta. O teclado de um piano é um modo de visualizar as freqüências de som, em que o dó menor é uma freqüência menor que o dó maior. O pensamento, embora não seja tão fácil de visualizar quanto os arco-íris e os teclados, é um fenômeno muito parecido. A experiência humana de diferentes freqüências de pensamento revela que a emoção do ódio (principalmente o ódio de si mesmo) é uma freqüência mais baixa que a do amor.

Quando combinamos corretamente freqüências altas e baixas de cor, algo mágico acontece: cores novas. Quando combinamos corretamente freqüências altas e baixas de som, outra coisa mágica acontece: harmonia. Quando combinamos corretamente freqüências altas e baixas de pensamento, algo de fato mágico acontece: cura e transformação pessoal. Combinar corretamente o amor da Alma com o medo que há no corpo cria uma nova realidade para o indivíduo e o seu corpo. Essa é, portanto, a explicação do funcionamento dos PTW com base no lado esquerdo do cérebro. Passemos a explorar agora a abordagem do lado direito do cérebro, a abordagem espiritual.

Nós não somos o corpo; somos o que anima o corpo. O que anima o corpo pode ser chamado de "Alma". Somos, portanto, a Alma que anima o corpo. A Alma conhece apenas a Verdade. Como resultado disso, a perspectiva da Alma é de paz, compaixão e amor. Portanto, nossa verdadeira natureza é de paz, compaixão e amor. A tendência de esquecer tudo isso quando voltados para os sentidos do corpo não altera a nossa verdadeira natureza. Altera somente a nossa capacidade de expressá-la.

Algumas Almas se preocupam principalmente com uma compreensão maior dos conceitos de trevas e de mal. (Essas pessoas provavelmente jamais escolheriam este livro para ler.) Outras Almas querem explorar sua capacidade de manter sua perspectiva superior enquanto estiverem sob a influência dos cinco sentidos do corpo. Outras ainda querem saber se é possível mudar o corpo de modo a estimular a capacidade da Alma de se expressar livremente e por completo. (É para essas Almas que os PTW e este livro foram criados.)

Por não fazer parte da nossa verdadeira natureza, temos o poder de mudar os efeitos do medo sobre o corpo. Por não fazer parte da nossa verdadeira natureza, também temos o poder de mudar as perspectivas do medo e do ódio que voltamos contra nós mesmos. Por sermos, em essência, a própria Unidade, temos o poder de criar a realidade da nossa verdadeira natureza na forma física, primata, em que vivemos. Portanto, isso explica, com base no lado direito do cérebro, porque os PTW funcionam.

Todos os Processos usam a técnica de enfocar uma Perspectiva Superior diretamente sobre as emoções ou lembranças do corpo. A fonte da Perspectiva Superior é diferente em cada Processo. O primeiro deles, O Processo Básico, usa a Alma ou um Ser de Ajuda confiável como fonte de Perspectiva Superior. No PTW Dois – O Processo Temporal – um Ser do Futuro fornece a nova perspectiva (Capítulo Cinco). No PTW Três – O Processo do DNA – trabalhamos com Aspectos dimensionais específicos da Alma a fim de criar uma nova perspectiva para o primata (Capítulo Sete). Embora cada Processo seja usado para curar ou transmutar diversos tipos de informação ou perspectivas retidas no corpo, o propósito é sempre o mesmo: criar a realidade da Verdade Suprema no corpo ***de cada um***.

Neste capítulo, trabalharemos com o PTW Um, O Processo Básico. Nesse Processo, a fonte de perspectiva superior pode ser a Alma ou um Ser de Ajuda confiável. Esse Ser pode ser Cristo, Buda, um Anjo ou qualquer Guia ou Mestre que sabe-se que na Verdade existe e em quem se acredita que fará o esforço necessário para trabalhar em conjunto no processo de cura.

É importante ter a certeza de que o corpo também confia nesse Ser de Ajuda. São as perspectivas ***do corpo*** que serão mudadas e transformadas. É, portanto, importante ter a certeza de que o corpo está, afinal, aberto ao Ser que se escolhe para trabalhar em conjunto. Há pessoas, por exemplo, que normalmente optam por trabalhar com Deus, afirmando que pretendem trabalhar somente com o mais alto dos seres. Entretanto, quando comentam essa escolha, pode-se ver que seu corpo fica tenso cada vez que mencionam a palavra "Deus". Isso é um sinal de que, embora o indivíduo confie em Deus, seu corpo não confia. Para alguns, Deus é grande ou poderoso demais, e estar aberto a algo tão grande cria de fato uma reação de medo. Se o corpo tem medo de ser escolhido, não propicia a abertura necessária para criar a parceria adequada para o funcionamento do Processo.

Por outro lado, o corpo também não reage ao Processo se não sentir força suficiente no Ser de Ajuda escolhido. De tempos em tempos, ouço alguém expressar o desejo de trabalhar com a mãe ou avó falecida, que se tornou uma espécie de guia ou mestre espiritual. Nesses casos, o corpo recorre à mãe ou avó como se ainda existissem fisicamente (a forma como são lembradas) e não como os Seres mais evoluídos em que talvez tenham se transformado.

Se o seu desejo for o de simplesmente trabalhar com a própria Alma, certifique-se de que o seu corpo a percebe do mesmo modo que você e que não tenha resolvido que, como Deus, a Alma é um conceito amplo demais. Ao escolher o Ser de Ajuda adequado, observe as reações do seu corpo quando você pensa ou se concentra nesse Ser. Se o seu corpo relaxar (às vezes seguido de expiração sonora), é mostra de confiança. Caso contrário, há uma boa chance de que o corpo não esteja reagindo ao Ser do mesmo modo que você; nesse caso, é aconselhável concentrar-se em outra fonte de ajuda.

Com o passar dos anos, descobri que a maioria dos corpos têm uma fé muito grande nos Anjos, mesmo nos casos em que o indivíduo pensa o contrário. Anjos são Seres que jamais assumiram forma física, jamais julgaram ou sentiram raiva e em quem se pode confiar sem tanto medo. Para quem nada mais parece funcionar, muitas vezes a melhor resposta será voltar-se para "a energia do Amor" ou "a energia da Verdade".

Antes de dar início ao Processo, reserve algum tempo para determinar exatamente qual fonte de ajuda funciona para você e o seu corpo. Reitere sua escolha cada vez que começar a trabalhar, pois haverá ocasiões em que terá evoluído para outro nível de trabalho e precisará de outro nível de ajuda, ou em que a questão a ser trabalhada exigirá um tipo diferente de apoio.

É importante não se deixar levar pela tentativa de fazê-lo perfeitamente, ou pelo medo de talvez fazê-lo errado. Não se trata necessariamente da possibilidade de errar. Não importa com o que trabalhe, alguma cura ou mudança ocorrerá. O poder da sua Alma, aliado à sua intenção de promover a cura, tem uma participação muito grande na conquista do seu objetivo. Confie nos seus instintos, e verá que não há como errar.

Pelo fato de o corpo acreditar que tudo o que é invisível é "irreal", é importante oferecer-lhe um modo palpável de sentir esse apoio "imaterial". O modo mais fácil de expô-lo à existência da sua Alma ou Ser de Ajuda é concentrar-se na sua presença no ar que o rodeia. Saber que está presente no ar que o cerca (porque está) e depois trazê-lo para dentro de si, gera uma experiência muito real, palpável, para o seu corpo. Concluída essa etapa, seu corpo permitirá a inclusão ou entrada de informações e energia que o seu Ser de Ajuda invisível pode proporcionar.

O passo seguinte é concentrar-se na emoção ou problema que você deseja eliminar ou alterar. ***Permitir que o Ser de Ajuda tenha as mesmas sensações que você*** é o ato que gera a transformação.

A essa altura, é importante compreender que o seu corpo não usa pensamentos para se comunicar; usa ***sentimentos***. Quando está trabalhando para alterar o que corpo está retendo, essa mudança será feita na esfera do sentimento. Se quiser mudar sua reação ao comportamento negativo de outra pessoa, por exemplo, você precisa concentrar-se no sentimento que esse comportamento gera em você. Concentrar-se no que pensa sobre a questão não altera as reações do seu corpo. Concentrar-se no que você ***sente*** sobre a questão permite que o seu Ser de Ajuda faça o mesmo. Quando isso acontece, você gera a perspectiva mais ampla que coexiste com a perspectiva inferior do corpo. Ao fazer isso, você faz com que a realidade das emoções inferiores seja substituída pela perspectiva mais ampla. Em outras palavras, você dá início a um processo de cura.

Ao continuar atento aos sentimentos relacionados com o problema e ao continuar a deixar que a Fonte de Ajuda Superior "experimente os seus sentimentos", você notará que a emoção diminui. Nesse ponto, você atingirá uma nova percepção do problema, gerando uma sensação de completude, ou viverá uma emoção mais forte.

Viver outra emoção significa que você alcançou um nível mais profundo da questão. Certifique-se de que o seu Ser de Ajuda ainda está no seu corpo e continue atento à nova sensação. ***Junto ao Ser de Ajuda***, continue a concentrar-se no surgimento de cada nova emoção até que cessem de surgir e você experimente uma sensação de paz. Continue atento à presença do Ser de Ajuda no seu corpo, permitindo que ele conclua seu trabalho. O ato inconsciente de inspirar e expirar é uma forma comum de sinalizar a conclusão do Processo.

Esse Processo pode ser usado como forma de meditação, trabalhando de quinze a vinte minutos os problemas e as emoções que deseja curar. Também pode ser aplicado quando os problemas vierem à tona. Sempre que perceber uma reação negativa, lembre-se da presença da sua Alma ou Ser de Ajuda no ar que o envolve, e deixe que o mesmo atue sobre o sentimento que estiver aflorando nesse instante. Desse modo, é possível neutralizar a reação negativa e substituí-la por uma perspectiva mais ampla do que estiver ocorrendo. É possível, ainda, substituir as reações primatas do seu corpo pela perspectiva da Alma. Igualmente, é possível atingir um nível mais elevado de consciência em situações cotidianas.

Essa aplicação do Processo Básico ensinará ao seu corpo uma nova maneira de reagir ao negativismo da vida. Acima de tudo, proporcionará ao corpo um novo relacionamento com o negativismo: a sensação de ser igual a ele. Quando o seu corpo deixa de ver o negativismo como uma ameaça em potencial, "coloca-se acima dele". Em outras palavras, o uso desse Processo dá asas ao primata que existe em você, bem como a liberdade de usá-las.

Resumo

PERSPECTIVA DO CORPO	+	PERSPECTIVA DA ALMA	=	NOVA PERSPECTIVA HUMANA
Raiva	+	Sabedoria	=	Compreensão
Medo dos Outros	+	Os outros são Alma também	=	Compaixão e Paz com os outros e seus atos
Medo de Si Mesmo	+	O Poder do Ser Uno está mim	=	Paz
Sofrimento	+	Os outros também são Alma e a Alma é eterna	=	Paz
Culpa	+	Minha natureza é de Amor	=	Perdão
Ódio	+	Minha natureza é de Amor	=	Paz
Não Sou Capaz	+	O Poder do Ser Uno está em mim	=	Eu consigo
Não Sou Bom o Bastante	+	O Poder do Ser Uno está em mim	=	Sou suficiente
Indecisão	+	Sabedoria	=	Escolhas adequadas
Julgamento	+	Sabedoria	=	Respeito pelas escolhas dos outros
Solidão	+	Sou parte do Todo	=	Paz
Fobias	+	O poder do Ser Uno está em mim	=	Liberdade
Arrependimento	+	O Propósito Maior	=	Perdoar a si mesmo
Ressentimento	+	O Propósito Maior	=	Perdão
Autocrítica	+	Minha natureza é de Amor	=	Amor-próprio e aceitação de si mesmo

Etapas do processo

Processo de Transformação de Weiss Um — o processo básico

- Relaxe o corpo por alguns minutos.
- Concentre-se no Ser de Ajuda tal como ele se apresenta no ambiente em que você se encontra.
- Traga o Ser de Ajuda para junto do seu corpo. Confirme sua vontade de permitir que ele gere com você apenas cura e Verdade Superior.
- Tente lembrar-se das emoções ou questões negativas que deseja curar.
- Concentre-se nos sentimentos relativos à emoção ou questão, vivendo a experiência do modo mais completo possível.
- Permita que o Ser de Ajuda sinta essas emoções com você.
- Continue a compartilhar quaisquer emoções ou sentimentos que possam surgir, até ter a sensação de alívio e paz.
- Pergunte ao Ser de Ajuda se há algo mais que você deva saber sobre o assunto e abra-se a essa fonte de inspiração. (Muitas vezes, essa informação estará na forma de sentimentos ou alguma sensação em vez de pensamentos concretos.)
- Quando se sentir satisfeito com essa comunicação, agradeça ao Ser de Ajuda pelo apoio.
- Observe agora como mudou o seu sentimento em relação à questão trabalhada.
- Agradeça ao seu corpo por deixar que você viva essa experiência e agradeça a si mesmo pelo esforço feito em seu favor.

ATIVIDADES

Lista de práticas para o processo básico

Sem pressa, escreva as respostas para as perguntas abaixo do modo mais sincero possível. (Não há respostas certas ou erradas. Esta é apenas uma oportunidade de aprender mais sobre si mesmo.)

1. Mencione três coisas de que não gosta em ***você*** e que mudaria, se pudesse.
2. Mencione três coisas de que não gosta na ***sua vida*** e que mudaria, se pudesse.
3. Mencione três coisas de que não gosta no ***mundo*** e que mudaria, se pudesse.
4. O que é que os outros fazem que sempre o aborrece?
5. O que é que você mesmo faz que sempre o aborrece?
6. Qual foi a pior coisa que já fez para alguém?
7. Qual foi a pior coisa que já lhe fizeram?
8. Qual foi a coisa mais vergonhosa que já lhe aconteceu?

Preparativos para o processo

Há algumas coisas que você deve fazer antes de iniciar este processo para garantir uma experiência mais produtiva e terapêutica:

- Mantenha lenços e um copo d'água ao seu alcance.
- Não faça absolutamente nada durante pelo menos vinte minutos, exceto concentrar-se na sua *cura.*
- Escolha o Ser de Ajuda. (Pode ser Cristo, um anjo ou o Eu Superior, por exemplo.) É importante escolher um Ser com o qual o seu corpo se sinta bem e para o qual queira se abrir. As pessoas geralmente querem trabalhar com Deus, mas, na verdade, o corpo delas não confia em algo assim tão grande. Concentre-se por alguns instantes nesses Seres que conhece, ou pelos quais se interessa, e observe quais fazem o seu corpo relaxar mais. Imagine-se inspirando esse Ser e diga o seu nome. Um sinal de que o seu corpo não se sente bem com a escolha é uma sensação de tensão espalhando-se pelos ombros ou peito. Um "sim" à sua resposta resulta numa respiração profunda e você percebe que está começando a relaxar.

Escolha o problema que mais quer resolver nesta fase da sua vida. Busque a emoção mais forte que puder associar ao problema e use-a como o foco do processo. Lembre-se: quanto mais clara for a ***sensação***, mais completa será a cura.

TAREFA

Esta folha de tarefa foi criada para dar a você a oportunidade de ver como o Processo Básico funciona na sua vida. Também o ajuda a tomar mais consciência de como exatamente a perspectiva do Ser de Ajuda pode influenciar suas perspectivas.

Como praticar o processo básico

Reserve algum momento do dia para praticar o Processo Básico nos itens seguintes:

- A resposta à questão 7 da Lista de Práticas.
- A terceira resposta à questão 3 da Lista de Práticas.
- A resposta à questão 8 da Lista de Práticas.
- A resposta à questão 6 da Lista de Práticas.
- A primeira resposta à questão 3 da Lista de Práticas.

Lembre-se: ao executar o Processo, é importante estar atento ao que sente, não ao que pensa, a respeito de cada uma dessas questões. Ao final de cada sessão, descreva sua experiência no seu Relatório de Práticas do Processo Básico.

Exemplo de um possível relatório:

MEU RELATÓRIO DE PRÁTICAS DO PROCESSO BÁSICO

Quinta-feira, 3 de Novembro

Ser de Ajuda Superior que está me ajudando: o meu Anjo

O Processo durou: aproximadamente quinze minutos

Meu Problema: A coisa mais vergonhosa que já me aconteceu foi quando eu tinha sete anos e uns meninos mais velhos puxaram a minha calcinha na escola.

As Emoções que senti foram:

raiva: porque não deveriam ter feito aquilo.

vergonha: porque todo mundo pôde ver "aquela parte do meu corpo" e porque riram de mim.

medo: de que eles tornassem a fazer isso comigo.

enfurecida: comigo mesma por não tê-los impedido de fazer aquilo comigo.

medo: de que, se eu contasse aos meus professores, ririam de mim; ou se contasse aos meus pais, que pudessem se zangar por eu ter deixado que isso acontecesse.

solidão: porque todos riram, não havia ninguém com quem eu pudesse conversar.

O Processo:

Deixei que o meu Anjo sentisse raiva dos meninos e que a mesma se transformasse em ressentimento.

Deixei que o Anjo sentisse esse ressentimento e lembrei-me do meu irmão mais velho sempre fazendo maldades comigo. Mostrei ao Anjo como me sentia a respeito do problema até conseguir enxergar o que o meu irmão fazia comigo com uma sensação de calma, como se já não importasse mais.

Deixei que o Anjo sentisse a vergonha que tive de me terem exposto ao ridículo e lembro-me de ter sentido o mesmo em outras situações da minha vida. Concentrei-me no sentimento de vergonha até me sentir segura com a nudez "daquela parte do meu corpo". Nesse instante, me senti "cansada" e decidi deixar o restante do processo para amanhã.

Os Resultados:
Não fico tão irritada quando me lembro do que aconteceu, mas sei que há mais a fazer sobre essa lembrança e espero concluir logo o processo.

Outras Observações:
Fiquei surpresa com o impacto dessa lembrança mesmo depois de tantos anos.

Tive a forte impressão de que o meu Anjo "gostou" cada vez em que atingi um estado de "calma".

Mesmo que tudo seja fruto da minha imaginação, percebo que sou capaz de descarregar emoções negativas enquanto "imagino que meu Anjo sente alívio comigo"; por isso, eu gostaria de saber o que mais posso fazer com o Processo.

Capítulo Quatro

Criando asas — segunda parte

Se a alma é o que nos liga
à mente cósmica,
deve ter sabedoria.
Como eu seria sábio
se pudesse ver com os olhos da alma?
... e como seria a minha vida?

No Capítulo Dois, criamos a imagem de uma grande reserva de Mente Cósmica passando por um longo funil. Imaginamos que a Mente Cósmica fosse Deus e que o funil fosse a Alma. Desse modo, criamos uma imagem que nos ajuda a compreender como a Alma nos liga à Fonte e nos leva à sua sabedoria. Neste capítulo, eu gostaria de ampliar essa imagem e de explorar as perspectivas específicas da Alma que estão ao nosso dispor. Também vamos observar mais de perto a "aplicação humana prática" dessas perspectivas.

Abrir-se à amplidão da Alma pode ser um tanto intimidante para o corpo do primata. Esse é um dos motivos pelos quais tantas pessoas "saem do corpo" para um "estado de êxtase" quando estabelecem esse nível de relação anímica. Lembre-se de que um dos dados genéticos que o nosso corpo considera verdadeiro é que, "se algo for maior do que eu, pode ser uma ameaça", e que a Alma é definitivamente percebida como algo maior do que o corpo. Ao tentar agregar a perspectiva da Alma a uma dada lembrança ou emoção, é mais fácil para o corpo dar vazão a esse processo se formos capazes de trabalhar com apenas uma parte da Alma. Para esse fim, pode ser benéfico ver a Alma como um fenômeno multidimensional. Isso quer dizer que cada uma das suas muitas dimensões tem uma perspectiva diferente, que o corpo pode usar no processo de cura.

Para compreender esse conceito de modo mais amplo, pode-se pensar na Alma como um arco-íris, sendo cada cor uma dimensão diferente. Nesta obra, imaginamos que há noventa e nove dimensões da Alma, e que a centésima dimensão é a própria Mente Cósmica. (Cem é um número arbitrário usado para nos dar uma sensação de amplidão da Alma.)

Cada dimensão pode ser vista como um feixe separado de freqüências de luz, som e perspectiva. Nas dimensões de freqüência mais alta, esses três itens são vividos como um fenômeno único. Deus, a Mente Cósmica, é a freqüência mais alta possível de luz, som e perspectiva.

O corpo primata do humano foi feito para proporcionar à Alma uma experiência da terceira dimensão: com realidades não-disponíveis nas dimensões superiores. Aqui o conceito de morte é possível junto com o de medo, raiva, arrependimento, isolamento e, talvez o conceito mais intrigante de todos, o de autocrítica. O amor pode ser visto como algo feito separadamente. A alegria e a paz podem ser intermitentes. A beleza pode ser percebida como um contraste a algo totalmente desconhecido em planos superiores: o não-belo ou a feiúra.

Para um Ser cuja essência tem o significado principal de ser Una e eterna, o âmbito da terceira dimensão oferece maravilhosas oportunidades de expressão. Sei que não é assim que nos sentimos quando passamos por algumas das "oportunidades" mais negativas, mas esse é um dos assuntos de que trata este livro: compreender a capacidade da Alma de apreciar e estar em paz com o que é negativo. Essa compreensão pode de fato reduzir o que for negativo e aumentar o que for positivo.

Do mesmo modo que o nosso corpo da terceira dimensão foi programado para proporcionar uma experiência de terceira dimensão, nosso corpo da quarta dimensão foi programado para proporcionar uma experiência de quarta dimensão. Nossa forma física é dotada de cinco sentidos para a percepção e o acúmulo de informações. Nossa forma na quarta dimensão é dotada de três sentidos para o mesmo fim. Ela é capaz de ouvir as freqüências sonoras da quarta dimensão. É capaz de enxergar as freqüências de luz da quarta dimensão. É capaz de ver outras formas da quarta dimensão. Também é capaz de "ver" a energia do pensamento e da emoção.

Embora esse corpo de freqüência superior esteja além do alcance dos nossos cinco sentidos, freqüentemente o trazemos para o nosso cotidiano. Quando encontramos alguém pela primeira vez, determinamos se nos sentimos bem ou não com a pessoa julgando a ***impressão*** que nos fazem. A capacidade de "sentir" essa impressão não é alcançada com o uso do toque. É alcançada com um dos sentidos do corpo da quarta dimensão: a capacidade de perceber níveis de raiva ou agressão em outra pessoa. Além das informações físicas conscientes e inconscientes, nosso corpo usa informações da quarta dimensão para determinar o quanto uma pessoa se sente bem (ou segura).

Entrar em um recinto e sentir-se mal é outro exemplo da reação da forma física às informações da quarta dimensão. Um recinto geralmente nos dá a ***sensação*** de mal-estar devido às cargas emocionais negativas que ali foram deixadas. Campos de concentração também são lugares onde se pode "sentir" facilmente as cargas emocionais da quarta dimensão.

Algumas pessoas usam os olhos da quarta dimensão para ver a energia de uma doença numa dada forma física. As pessoas que têm esse dom são chamadas de Médicos Intuitivos, embora eu conheça vários médicos que o fazem sem ter consciência do fenômeno ou que simplesmente não gostam de falar no assunto. Outros terapeutas usam "seus outros olhos" para ver o subconsciente de seus pacientes a fim de coletar dados que possam ajudar o cliente a curar um trauma ou os efeitos de maus-tratos mais rapidamente ou por completo.

Obviamente, o cérebro da terceira dimensão tem a capacidade de tornar úteis os dados da quarta dimensão. Há, de fato, um lóbulo cerebral em particular destinado apenas a essa função. A informação depois é enviada para uma parte do lado direito do cérebro e interpretada como dado "visual" ou de "conhecimento". Na maioria das vezes, o uso que fazemos dessas informações consiste num ato totalmente inconsciente desempenhado automaticamente pelo corpo. À medida que evoluímos, porém, nos tornamos mais conscientes da nossa capacidade de usar os sentidos da quarta dimensão de modo consciente.

Neste livro, faremos referência aos corpos de dimensões superiores como "Corpos Usuários" ou "Corpos Espirituais", dependendo de sua relação ou influência primária sobre a nossa forma da terceira dimensão. A partir desse ponto de vista, o corpo da quarta dimensão é visto como Corpo Usuário, uma vez que usamos os dados que nos fornece.

No entanto, nosso corpo da quinta dimensão é muito diferente. Esse corpo é muito menos definido e muitas vezes é percebido como "envolto em luz". Nesse plano de existência, nos percebemos, assim como a nossa realidade, sem nenhuma das perspectivas primatas inerentes ao corpo da terceira dimensão. Nesse plano, não compreendemos o conceito de morte porque sabemos que, na verdade, não temos fim; apenas continuamos e ampliamos o conhecimento de nós mesmos. Não compreendemos o medo porque somos iguais a tudo e a tudo estamos ligados. Não compreendemos a crítica porque tudo tem um propósito e é, portanto, necessário. Não somos capazes de fazer autocrítica porque sabemos que somos a expressão da própria Fonte. Não somos capazes de sentir solidão porque temos total consciência do quanto estamos ligados a todo o resto. Nesse plano, o amor não é algo a que se possa atribuir um nome porque é a única coisa que se pode sentir de fato. Nosso corpo da quinta dimensão é um Corpo Espiritual porque tem uma perspectiva que podemos usar para favorecer nossa experiência da terceira dimensão.

O corpo da sexta dimensão é considerado um Corpo Usuário. É o corpo que usamos para explorar o Tempo. Esse corpo não está atrelado a uma relação linear com o Tempo e é, portanto, livre para experimentar ou "viajar" para outras épocas, tanto do passado quanto do futuro. Seu uso não é pertinente ao trabalho que estamos desenvolvendo neste livro, o que tornam dispensáveis maiores detalhes a seu respeito no momento.

Nossa perspectiva da sétima dimensão, entretanto, é de extrema importância para o trabalho que estamos desenvolvendo nesta obra. Nesse plano, a ausência de críticas e o apreço por toda a experiência é elevada para outro patamar. Aí temos uma compreensão maior do "porquê" que está por trás de toda vivência. Esse é o aspecto dimensional da nossa alma que pode nos revelar o motivo das situações e acontecimentos negativos que ocorrem nas nossas manifestações na terceira dimensão. Embora o Amor seja uma vez mais a experiência principal nessa dimensão, uma sensação de paz profunda permeia esse plano.

As formas da oitava, nona, décima e décima primeira dimensões são usadas pela expressão da Alma da décima segunda dimensão ao perceber ou influenciar experiências de dimensões inferiores. Esses Aspectos da Alma não são pertinentes ao trabalho que estamos desenvolvendo nesta obra, o que tornam dispensáveis os detalhes pertinentes às suas realidades.

A perspectiva da décima segunda dimensão da Alma inclui o entendimento mais amplo do propósito da nossa vida na terceira dimensão. É essa parte de nós que compreende a inter-relação de tudo o que vivemos. O entusiasmo pelo nosso plano e a alegria pelo desenrolar do Plano Evolutivo são as experiências principais dessa Expressão da Alma.

O apreço pelas pessoas que nos ajudam a criar a forma da terceira dimensão do Plano Evolutivo também é uma experiência muito forte neste plano. Sente-se esse apreço por aqueles que nos ajudam a criar o negativo assim como o positivo. Lembre-se de que não há julgamento nesses planos superiores, e essa é, provavelmente, uma das perspectivas mais complexas e mais poderosas que esse Aspecto da Alma pode compartilhar com o nosso corpo da terceira dimensão.

Os Aspectos descritos aqui são os mais freqüentemente usados nos nossos trabalhos com os PTW. Os Aspectos da Alma restantes serão discutidos em capítulos posteriores. A Classificação Dimensional tal como se apresenta nesta obra é um modo arbitrário de ver a Alma. Foi idealizado para nos ajudar a somar a perspectiva por vezes assustadora da Alma ao corpo primata do humano.

Outro modo de ajudar o corpo a ficar mais aberto à perspectiva e influência da Alma é criar um modo fácil para o corpo tornar a Alma "real". Devido à tendência que tem o nosso corpo (e mente) de questionar a validade de quase tudo o que é invisível, faz-se necessário fazer da Alma algo mais "concreto". Um modo de fazê-lo é ***sentir*** a Alma no ar que nos rodeia. Embora possamos compreender intelectualmente que a Alma está em nós ao mesmo tempo que nos circunda, esse entendimento racional não basta para fazer da Alma algo real para o corpo.

Às vezes, usar a imaginação pode ajudar a criar a relação necessária entre o corpo e a Alma. A partir disso, dar o próximo passo rumo à "inalação da Alma" dá ao corpo a sensação de que a Alma estabelece uma parceria com o corpo. Mais uma vez, esse procedimento destina-se a criar a ponte necessária entre o corpo e a Alma para que ***você*** possa fazer o tipo de mudança e de cura que deseja.

Uma vez que o nosso corpo foi programado para julgar, enxergar as coisas de modo imparcial pode ser algo difícil de entender, muito menos incorporado ao nosso modo de vida. Como podem ser aceitas as coisas ruins? Como pode ser aceito o sofrimento? Como pode o corpo primata aceitar situações ou pessoas que parecem ameaçá-lo? E como é possível amar nossos inimigos e, de fato, perdoar coisas como estupros e assassinatos? Tal como o nosso corpo se encontra programado, podem-se acatar mentalmente essas idéias, mas sua total aceitação parece quase impossível. Ainda assim, a substituição da imparcialidade pelo amor é necessária para a sobrevivência da nossa espécie. Enquanto continuarmos a ter medo, a lutar de algum modo ou a evitar fazê-lo, não seremos capazes de conseguir coisa alguma, a não ser momentos tênues e breves de paz neste mundo.

Se quisermos sobreviver e evoluir, outra perspectiva e outro modo de fazer as coisas têm de ser incorporados ao corpo. O Ser que anima este corpo primata do humano é o que detém as nossas respostas. É para esse Ser que devemos nos voltar, não apenas nas orações ou nas meditações, mas também para constituir uma nova parceria: uma parceria que faça as perspectivas superiores não somente tomar a nossa forma, mas também adotar a nossa essência.

O modelo de alinhamento da Alma descrito neste livro e as idéias que estão por trás dos Processos de Transformação de Weiss foram criados como um modo de alcançar essa parceria. Tudo aqui foi feito para ajudá-lo a criar o seu novo Corpo Humano e uma nova maneira de viver ***verdadeiramente*** alegre e pacífica. As Atividades e Tarefas seguintes lhe darão a oportunidade de praticar o uso dos seus diversos Aspectos da Alma para que você possa descobrir por si mesmo a aplicação prática dessas perspectivas à **sua** vida.

Resumo

Alinhamento da alma

Realidade da terceira dimensão

Forma:

- é vivida como algo concreto dentro da terceira dimensão;
- é vivida dissociada de outras formas;
- pode ser influenciada por perspectivas de dimensões superiores;
- é capaz de agregar dados de dimensões superiores.

Perspectiva:

- o Eu é separado da Fonte, resultando em autocrítica;
- a morte do corpo é considerada o fim do Eu, resultando na realidade primária do Medo;
- a realidade baseia-se principalmente na luta pela sobrevivência;
- é influenciada pelo conceito de Dualidade, que resulta em críticas ao próximo;
- sente emoções positivas intermitentes: Amor e Compaixão.

Propósito:

- proporciona à Alma a oportunidade de viver uma realidade de terceira dimensão;
- proporciona aos Aspectos Superiores da Alma a oportunidade de influenciar a realidade da terceira dimensão.

Alinhamento da alma

Realidade da quarta dimensão

Forma:

- vivida como algo sólido na quarta dimensão;

- manifesta-se dissociada de outras formas;
- ajuda as Mentes conscientes e inconscientes da terceira dimensão com informações da quarta dimensão;
- pode proporcionar à Mente da terceira dimensão experiências extracorpóreas;
- é capaz de agregar informações de dimensões superiores;
- pode proporcionar uma experiência provisória para a mente consciente da terceira dimensão depois da morte do corpo. Essa experiência provisória continua até a próxima encarnação na terceira dimensão, ou até que a mente consciente da terceira dimensão esteja suficientemente desenvolvida e a Alma não sinta mais a necessidade de experiências próprias de dimensões inferiores.

Perspectiva:

- quando proporciona à Mente da terceira dimensão uma experiência provisória, geralmente reflete a perspectiva da Mente da terceira dimensão, mas pode ser influenciada por perspectivas de dimensões superiores.

Propósito:

- proporciona à Alma a oportunidade de uma realidade de quarta dimensão;
- proporciona aos Aspectos Superiores da Alma a oportunidade de influenciar a realidade da terceira e quarta dimensões.

Alinhamento da alma

Realidade da quinta dimensão

Forma:

- é vivida como luz concebida na quinta dimensão;
- permanece dissociada de outras formas, mas vive como se estivesse ligada a elas;

- é capaz de compreender e de usar perspectivas de dimensões superiores;
- é capaz de agregar informações de dimensões superiores.

Perspectiva:
- o Eu está ligado à Fonte, resultando no sentimento de Amor;
- a realidade baseia-se principalmente na compreensão de que há um propósito para tudo, resultando em Imparcialidade;
- inclui a valorização da Dualidade.

Propósito:
- proporciona à Alma a oportunidade de viver numa realidade da quinta dimensão;
- proporciona aos Aspectos Superiores da Alma a oportunidade de influenciar as realidades da terceira, quarta e quinta dimensões.

Alinhamento da alma

Realidade da sétima dimensão

Forma:
- é vivida como luz concebida na sétima dimensão;
- permanece dissociada de outras formas, mas vive como se estivesse ligada a elas;
- é capaz de compreender e usar perspectivas de dimensões superiores;
- é capaz de agregar informações de dimensões superiores.

Perspectiva:
- o Eu está ligado à Fonte, resultando no sentimento de Amor;
- a realidade baseia-se principalmente na compreensão de que há um propósito para tudo, resultando nos sentimentos de Apreço e Paz.

Propósito:

- proporciona à Alma a oportunidade de viver numa realidade da sétima dimensão;
- proporciona aos Aspectos Superiores da Alma a oportunidade de influenciar as realidades da sétima dimensão bem como de dimensões inferiores.

Alinhamento da alma

Realidade da décima segunda dimensão

Forma:

- é vivida como luz concebida na décima segunda dimensão;
- é vivida de modo independente com uma ligação superior a outras formas;
- é capaz de compreender e usar perspectivas de dimensões superiores;
- é capaz de agregar informações de dimensões superiores.

Perspectiva:

- o Eu é oriundo do Fluxo de Consciência da Fonte, resultando no sentimento de União Total;
- a realidade baseia-se principalmente no conhecimento da aspiração ***coletiva*** à vida em dimensões inferiores, resultando em Alegria.

Propósito:

- proporciona à Alma a oportunidade de viver numa realidade da décima segunda dimensão;
- Proporciona aos Aspectos Superiores da Alma a oportunidade de influenciar as realidades da décima segunda dimensão, bem como de dimensões inferiores.

ATIVIDADES

Conheça os aspectos dimensionais da sua alma

Use o seguinte processo para apresentar o seu corpo formalmente aos Aspectos da quinta, sétima e décima segunda dimensões da Alma. Concentre-se em apenas um dos seus Aspectos da Alma cada vez que aplicar o processo. Vinte minutos é tempo suficiente para dedicar a cada processo.

- Relaxe o corpo por alguns minutos.
- Concentre-se em um Aspecto da dimensão da sua Alma determinado para a sessão (quinta, sétima ou décima segunda) que se manifesta no ar à sua volta. Em última análise, todos os seus Aspectos da Alma estão presentes "no ar à sua volta". No entanto, não é necessário preocupar-se em se concentrar no aspecto certo. Sua Alma sabe exatamente qual é a sua intenção no momento; por isso, reage com o Aspecto Dimensional adequado para você. Lembre-se também de que "você" é o único objeto da atuação da sua Alma e de que ela está muito dedicada e animada com o que você está fazendo.
- Enquanto continua a sentir o Aspecto da Alma no ar à sua volta, comece a deixar que ele se junte a você. Permita a sua entrada e mostre-lhe a sua vontade de permitir que ele o ajude a estabelecer uma relação de Verdade e de cura com o seu corpo.
- Observe por alguns minutos as reações do seu corpo a esse Aspecto da Alma. (Para alguns, a sensação é muito forte. Para outros, bastante sutil. Também pode variar cada vez que você aplicar esse Processo.)
- Revele ao seu Aspecto da Alma tudo o que gostaria que ele soubesse.
- Pergunte ao seu Aspecto da Alma se há algo que ele gostaria que você soubesse, e se disponha a receber essa inspiração. (Muitas vezes, essa informação virá na forma de sentimentos ou de uma sensação qualquer, em vez de Pensamentos Concebidos).
- Quando se sentir satisfeito com esse contato, agradeça ao seu Aspecto da Alma pelo apoio.

- Observe por mais alguns minutos a sensação que esse determinado Aspecto da Alma provoca no seu corpo.
- Agradeça ao seu corpo por deixá-lo viver essa experiência e a si mesmo pelo esforço feito em benefício de você mesmo.
- Respire fundo para encerrar o Processo.

TAREFA

A prática do processo básico

O uso de aspectos específicos da alma

Estas tarefas foram formuladas para lhe oferecer a oportunidade de sentir os vários tipos de apoio dados por cada um dos Aspectos de dimensões superiores da sua Alma. Nessas sessões práticas, você fará o uso de uma variação do Processo Básico. Antes de começar cada sessão, escolha uma das suas respostas às perguntas da Lista de Práticas do Capítulo Três como o foco principal do seu Processo:

- A sua segunda resposta à questão 3.
- A sua terceira resposta à questão 2.
- A sua primeira resposta à questão 1.
- A sua segunda resposta à questão 1.
- A sua resposta à questão 4.

Em seguida, aplique o Processo do seguinte modo:

1. Inicie o Processo Básico da forma a que estiver habituado usando o Aspecto da quinta dimensão da Alma como o seu Ser de Ajuda e continue o Processo até se sentir satisfeito.

2. Inicie novamente o Processo usando o Aspecto da sétima dimensão da Alma como o Ser de Ajuda. Concentre-se no mesmo problema e continue o Processo até se sentir satisfeito.

3. Inicie novamente o Processo usando o Aspecto da décima segunda dimensão da Alma como Ser de Ajuda. Concentre-se no mesmo problema e continue o Processo até se sentir satisfeito.

4. Observe por alguns minutos a diferença da ajuda e da perspectiva de cada um dos Aspectos da Alma.

5. Conclua a sessão do Processo Básico como de costume.

Ao fim de cada sessão, relate a experiência no Relatório de Práticas do Processo Básico.

Capítulo Cinco

Nas asas do tempo

Você já chegou a dizer "eu gostaria de saber naquele tempo o que eu sei hoje"? Saiba que isso é possível!

Estamos acostumados a pensar no Tempo como uma progressão linear de acontecimentos que se afastam de nós em dois sentidos. O Passado, o que já vivemos, está de algum modo "atrás da gente". O Futuro, o que ainda temos por viver, está "à nossa frente". O Passado parece estar ao nosso alcance porque perdura na forma de lembranças e emoções que estão armazenadas no corpo e no cérebro. Acredita-se que o Futuro, por outro lado, seja desconhecido e inacessível, pois ainda não se converteu em "dados guardados no cérebro". Entretanto, se isso fosse verdade, a previsão correta de acontecimentos futuros seria impossível. O fato de que a previsão correta do futuro acontece com freqüência significa que algum outro fenômeno está ao nosso dispor. Os videntes capazes de enxergar com precisão e passado para outras pessoas constituem mais um indício desse mesmo "outro fenômeno".

É possível mudar o passado? Claro que sim. O Processo Básico, por exemplo, nos dá essa possibilidade. Cada vez que eliminamos a lembrança negativa de uma emoção armazenada no organismo, estamos na verdade alterando nossa vivência do Passado. Cada vez que alteramos um sistema negativo de crenças adquiridas, estamos alterando o efeito que o Passado exerce sobre nós. Se o Passado for visto como um acúmulo de informações eletroquímicas armazenadas, então é possível mudar o Passado alterando esses dados.

Mudar o Futuro, no entanto, é uma questão muito diferente, pois o mesmo não existe como informação guardada. É possível acessar "o que o Futuro reserva" e usar esse dado para curar e transformar o dia de hoje? É possível atravessar o Tempo para obter acesso a informações futuras e usá-las?

Imagine que você é uma dentre doze pessoas sentadas a uma grande mesa e que cada uma tem um prato diferente à sua frente. Cada um toma uma porção da comida e passa o prato para a pessoa ao lado. Imagine-se vendo um recipiente com batata-doce do outro lado da mesa. Você gosta muito de batata-doce, mas só se for com manteiga derretida. Você percebe que, se esperar até que lhe passem a batata, ela vai estar fria demais para derreter a manteiga. Seria péssimo e você não gosta nada da idéia. Você então estica o braço, pega uma batata e a coloca no prato, e vê, contente, a manteiga derreter. Tudo volta ao normal e você faz as pazes com o mundo.

Enquanto Seres multidimensionais, não estamos limitados às capacidades do corpo ou ao seu modo de perceber as coisas. Enquanto Seres multidimensionais somos capazes de atingir aquela parte de nós que tem a capacidade de se relacionar com o Futuro. Somos capazes de alcançar e usar as informações contidas em outros tempos, dimensões e partes do nosso Ser incrivelmente antigo, eterno e onisciente.

Sabemos, por meio do nosso trabalho com o Processo Básico, que o corpo aceita bem o que é de conhecimento da Alma. O uso de um Ser do Futuro como ponto de referência é apenas mais um exemplo disso. O segundo PTW, o Processo Cronológico, não deve ser usado como meio para identificar ou prever acontecimentos futuros. Deve ser usado quando uma perspectiva de futuro servir para solucionar problemas ou questões que o afetam no momento. Por exemplo, numa situação que pareça assustadora, ter a sensação de que o problema foi resolvido pode trazer um pouco de paz. Perguntar ao Ser do Futuro como você resolveu o problema, ou perguntar se houve algo que ele teria feito de outro modo, também é de grande valia.

Eu compreendo que esse uso do Tempo representa um pequeno desafio para o nosso modo linear de pensamento, mas é a base para o trabalho com o Tempo que desenvolveremos neste livro. Aumentar o que for positivo no nosso Presente mudando o que for negativo no nosso Passado é algo que podemos fazer no presente. É também algo que podemos fazer "já" no nosso Futuro. Outro pensamento que nos impõe certo desafio é o seguinte: se você, o Ser do Presente, fosse beneficiado pelo trabalho desenvolvido em parceria com um Ser do Passado, o seu Ser do Futuro também não se beneficiaria trabalhando com você, o Ser do Passado dele?

O Processo Cronológico tem duas aplicações. A primeira é o Ser do Futuro trabalhar com você no Presente, o que é feito do mesmo modo que o Processo Básico, com uma exceção. Além de atrair o Aspecto da quinta dimensão da Alma para o seu corpo, você também permitirá que um Ser do Futuro trabalhe com você. Esse será um "Você" que vive daqui a um ou três anos. (Trabalhar com um Ser que vive mais de três anos no Futuro às vezes fornece ao corpo informações que não são facilmente aceitas ou compreendidas.) Juntos, você e o seu Ser do Futuro trabalharão um problema determinado que esteja acontecendo neste momento da sua vida para ajudá-lo a estabelecer com ele uma nova relação.

O segundo uso do Processo Cronológico é feito de modo um pouco diferente. Embora você deva novamente trazer para junto do seu corpo o Aspecto da quinta dimensão da Alma e permitir que o Ser do Futuro trabalhe com você, desta vez vocês dois devem concentrar-se numa época da sua infância que tenha sido traumática ou problemática por algum motivo. Esse uso é eficaz principalmente para curar traumas da infância e para alterar sistemas de crença negativos sobre si mesmo desenvolvidos durante a infância.

Muitas vezes me perguntam nas minhas palestras se o nosso Ser do Futuro ou do Passado têm consciência de que estamos nos comunicando com eles. A resposta para o Ser do Passado geralmente é "não" porque, nesse Processo, o trabalho na verdade é feito durante o sonho. A criança pode até se lembrar de ter sonhado com algo muito agradável, mas, na maioria das vezes, não está consciente do apoio que você está "oferecendo" para ele ou ela.

O Ser do Futuro, no entanto, pode estar bem consciente da sua atuação. Eu já soube de relatos de pessoas que percebem, de repente, durante a meditação ou sonhando acordados, que um Ser do Passado estava lhes fazendo uma pergunta. Depois, lembram-se de que era a mesma pergunta que fizeram a um Ser do Futuro alguns anos antes ao aplicar o Processo Cronológico. Na maioria dos casos, viram-se dando as mesmas respostas que haviam recebido. Às vezes, no entanto, viramse dando uma resposta mais completa ou fazendo um esforço maior para ajudar o Ser do Passado a sentir-se mais amado, mais forte ou mais calmo. Ensinamos o Processo Cronológico desde 1994 e é muito interessante o fato de agora estarmos começando a receber relatos dos que eram "Seres do Futuro" naquela época.

Há os que duvidam ser possível trabalhar com um Ser do Futuro. É difícil demais aceitar mudar ou trabalhar algo que ainda não aconteceu. Para essas pessoas talvez possa ser útil olhar o assunto por outro prisma. Quer estejamos de fato trabalhando com um "eu" que vive no futuro ou trabalhando com a nossa imaginação, estamos obtendo acesso a informações pertinentes à Alma que podem vir a nos ajudar a promover cura ou transformação. Lembre-se de que tanto a sua intenção de curar quanto as capacidades da Alma são muito poderosas.

A Alma nos passa perspectivas e informações por meio da imaginação ou por meio de um Ser do Futuro? Só o Tempo dirá.

Resumo

Procedimentos do processo

Processo de Transformação de Weiss Dois

O processo cronológico

Primeiro uso

- Relaxe o corpo por alguns minutos.
- Escolha a questão ou problema que deseja resolver nesta sessão. (Seja claro.)
- Escolha o Ser do Futuro com quem você deseja trabalhar. Trabalhar com um Ser que viva um ou três anos no futuro pode produzir melhores resultados. (Confie na sua intuição; não há como errar.)
- Concentre-se no Aspecto da quinta dimensão da Alma que estiver presente.
- Traga esse Aspecto da Alma para junto de si, confirmando a sua disposição de permitir que ele o ajude a trazer a cura e a Verdade Superior.
- Sinta o Ser do Futuro ao seu lado. Observe atentamente a vontade que tem o Ser de trabalhar com você. Dê-se um tempo para se sentir bem na presença dele. (A sensação provocada pelo Ser do Futuro pode ser muito forte ou muito tênue. Também pode variar cada vez que você fizer uso do Processo.)
- Concentre-se na questão ou problema, permitindo que o Ser do Futuro o "examine" com você.
- Lembre-se do apoio do Aspecto da quinta dimensão da sua Alma e, então, comece a se preparar para se comunicar com o Ser do Futuro. (Muitas vezes essa informação chega na forma de sentimentos ou de alguma sensação, em vez de pensamentos concretos. É provável que, de repente, você tenha uma "idéia" de determinadas coisas a fazer sobre o problema ou perceba que o mesmo não é

assim tão sério.) Não tenha pressa de concluir essa etapa do Processo, e deixe que o Aspecto da quinta dimensão continue a trabalhar com o seu corpo.

- Quando se sentir satisfeito com o Processo, pergunte ao Ser do Futuro se há algo mais que ele gostaria de lhe dizer e aguarde alguns minutos para dar-lhe tempo para responder.
- Dê a si mesmo mais um tempo para sentir as sensações que esse Futuro "você" provoca *no próprio* corpo. A sensação é de paz? De segurança e amor? Você está satisfeito com a própria existência? Está contente com os efeitos da cura? Se pudesse, que outras mudanças faria esse Ser do Futuro?
- Quando se sentir satisfeito com o trabalho, agradeça ao Ser do Futuro pelo apoio e deixe que ele volte ao seu próprio tempo.
- Observe por um momento como você percebe o problema ou questão de outro modo.
- Agradeça ao Aspecto da Alma pelo apoio e agradeça ao seu corpo por viabilizar a experiência. Reconheça também o próprio esforço.

O processo cronológico

Segundo uso

- Relaxe o corpo por alguns minutos.
- Escolha a experiência negativa da infância que deseja trabalhar nesta sessão. (Seja claro.)
- Escolha o Ser do Futuro com quem deseja trabalhar. Trabalhar com um Ser que exista de um a três anos no futuro pode trazer melhores resultados. (Confie na sua intuição; não há como errar.)
- Concentre-se no Aspecto da quinta dimensão da Alma presente no momento.
- Traga esse Aspecto da Alma para dentro do seu corpo, confirmando o seu desejo de deixá-lo promover a cura e a Verdade Superior com você.
- Sinta o Ser do Futuro ao seu lado. Observe atentamente a vontade do Ser de trabalhar com você. Dê a si mesmo um tempo para se

sentir bem com a presença desse Ser. (A sensação provocada pelo Ser do Futuro pode ser muito forte ou muito sutil. Também pode variar cada vez que você aplicar o Processo.)

- Concentre-se no problema proveniente da infância, permitindo que o Ser do Futuro o "veja" com você. Em silêncio, observe o Ser do Passado viver essa experiência negativa.
- Mude o foco e observe a criança dormindo na primeira noite depois do acontecimento, usando a imaginação, caso necessário. Em silêncio, observe a criança dormindo, prestando atenção a eventuais tensões no corpo. Você irá se comunicar com esse Ser do Passado em estado de sono. Desse modo, o corpo da criança estará pronto para receber a ajuda oferecida por você e pelo Ser do Futuro.
- Lembre-se de que o Ser do Futuro está começando a passar os seguintes dados para a criança: (Você também pode colaborar com essa comunicação.)
  - quanto a criança é amada e está segura;
  - quanto crescerá e ficará forte;
  - como sobreviverá às experiências negativas;
  - o quanto a criança é bonita e perfeita;
  - que ela não está só.
- Nesse momento, observe bem o quarto da criança. Haverá sempre a presença de um Ser Guardião que é amável e protetor. (O Ser Guardião pode ser um Anjo, Cristo, ou um Aspecto da Alma, por exemplo.) Preste atenção ao Ser Guardião. Isso ajudará o pequeno Ser do Passado a vê-lo também enquanto dorme. Desse modo, será mais fácil para a criança lidar com qualquer fator negativo que esteja acontecendo no momento em questão.
- Deixe a criança aos cuidados do Ser Guardião, voltando sua atenção para "o agora" e para o Ser do Futuro que está ao seu lado.
- Lembre-se do apoio do Aspecto da quinta dimensão da Alma e, então, comece a se preparar para receber quaisquer dados de que o Ser do Futuro possa saber sobre o trauma ou experiência negativa vivida por você na infância. Não tenha pressa de concluir essa etapa do Processo, e continue a deixar que o Aspecto da quinta dimensão trabalhe com o seu corpo.
- Quando se sentir satisfeito com o Processo, pergunte ao Ser do Futuro se há algo mais que ele gostaria de lhe dizer, dando-lhe alguns minutos para responder.

- Quando se sentir satisfeito com o contato, agradeça ao Ser do Futuro pelo apoio e deixe que ele volte ao seu próprio tempo.
- Tome um tempo para perceber como você se sente diferente quanto ao problema ou questão.
- Agradeça ao Aspecto da Alma pelo apoio e agradeça ao seu corpo por viabilizar essa experiência. Reconheça também o seu próprio esforço.

ATIVIDADES

Lista de práticas do processo cronológico

Numa folha em branco, anote sem pressa, e do modo mais sincero possível, suas respostas às seguintes perguntas:

1. Qual a lembrança mais positiva que você tem da infância?
2. Essa experiência teve um efeito direto sobre como você se sente sobre si mesmo?
3. Ainda influencia esse sentimento?
4. Caso a resposta seja afirmativa, diga como a experiência ainda o influencia.
5. Qual a lembrança mais negativa que você tem da infância?
6. Essa experiência tem um efeito direto sobre como você se sente sobre si mesmo?
7. Ainda influencia esse sentimento?
8. Caso a resposta seja afirmativa, diga como se dá essa influência.
9. Em que idade você foi mais feliz e por quê?
10. Em que idade você sentiu mais medo e por quê?
11. Alguém já o chamou de burro ou lhe disse que não daria em nada?

12. Em que idade você começou a acreditar nessas pessoas?
13. Qual foi a frase mais positiva que você ouviu com mais freqüência na infância?
14. Ainda tem algum significado?
15. Qual foi a frase mais negativa que você ouviu com mais freqüência na infância?
16. Ainda tem algum significado?
17. Se pudesse voltar no tempo e conversar consigo mesmo quando tinha cinco anos, o que você diria?
18. Se pudesse voltar no tempo e conversar consigo mesmo aos doze anos, o que diria?
19. Se pudesse voltar no tempo e conversar consigo mesmo aos dezessete anos, o que você diria?
20. O que você gostaria de ter modificado na sua infância?
21. O que você gostaria de ter modificado nos seus pais?
22. O que você gostaria de ter modificado em si mesmo?

TAREFA

Estas Tarefas foram criadas para dar-lhe a oportunidade de: 1) ver como o Processo Cronológico atua na sua vida e 2) ficar mais consciente do modo como a perspectiva do Ser do Futuro pode influenciar as suas perspectivas. Nestas sessões práticas você aplicará o primeiro uso do Processo Cronológico. Antes de começar cada sessão, escolha uma das seguintes respostas da Lista de Práticas do Capítulo Três para se concentrar durante o Processo:

- As respostas às questões 4 e 5.
- A resposta à questão 8.
- A resposta à questão 18.

- A resposta à questão 19.
- A resposta à questão 20.

Depois, proceda à primeira aplicação do Processo Cronológico tal como se apresenta no Resumo deste capítulo. No final de cada sessão, relate a experiência no Relatório de Práticas do Processo Cronológico.

O texto seguinte é um exemplo de relatório:

MEU RELATÓRIO DE PRÁTICAS DO PROCESSO CRONOLÓGICO

Quinta-feira, 3 de dezembro

O Ser do Futuro que trabalhou comigo foi: o meu Ser daqui a três anos.

O Processo durou: aproximadamente vinte minutos.

O Ponto Trabalhado da Minha Infância: Senti mais medo aos cinco anos, ao ver a casa do vizinho pegando fogo numa noite. Lembro-me dos gritos das pessoas e do barulho das sirenes dos bombeiros ferindo os meus ouvidos.

O Processo:
Não consegui sentir o meu Ser do Futuro claramente ao meu lado desta vez, mas senti, como de costume, a sensação de calma que toma conta do meu corpo quando ele está por perto.

Começamos a visualizar a lembrança do fogo consumindo a casa ao lado e percebi que o que mais me assustou foi a senhora que lá vivia repetir aos gritos uma pergunta: "Por que Deus deixa isso acontecer?" Ao reviver o medo, senti o Ser do Futuro voltar a atenção para o meu pai, que na hora me segurava. Senti sua força quando ele me apertou em seus braços. Comecei a perceber que o Ser do Futuro queria que eu substituísse o medo pela sensação da força delicada do meu pai. Foi um momento difícil até eu me lembrar de deixar o Aspecto da quinta dimensão da Alma me ajudar. Depois ficou muito fácil. Prossegui até conseguir ver a senhora e sentir somente tristeza por ela. Depois percebi que as sirenes dos bombeiros já não agrediam meus ouvidos.

Quando perguntei ao Ser do Futuro se havia algo mais, não recebi resposta alguma. Depois, lembrei-me de repente do rosto de um dos bombeiros. Lembrei-me que estava pensando "E se o fogo passar para a nossa casa? E se Deus deixar que isso aconteça?" (Embora eu não acredite que, naquela idade, eu fizesse idéia de quem era Deus.) Foi naquele exato momento que um dos bombeiros virou-se e olhou para mim. Lembro-me da delicadeza e da intensidade do seu olhar quando disse:

– Está tudo bem! Você está segura aqui. – Depois olhou para o meu pai e sorriu antes de sair. Essa lembrança me fez chorar. Essa deve ter sido a primeira vez desde o incêndio que senti que de fato deve haver algo ou alguém capaz de me proteger.

O restante do Processo foi como de costume: o Ser do Futuro sente-se de bem com a vida; não sente tanto amor por si mesmo quanto poderia, mas estamos tentando mudar as coisas; não há nada que possa mudar, a não ser me dar a certeza de que continuaremos a fazer esse tipo de trabalho, o que parece agradá-lo muito.

Os Resultados:

Estou satisfeita com a minha capacidade de eliminar toda a emoção que antes eu sentia ao me lembrar desse episódio. Como sempre, fico surpresa com as perspectivas inesperadas que surgem desses processos. Sinto-me bem descontraída, como se tivessem tirado um grande peso das minhas costas. Quero falar com o meu pai.

Outras Observações:

Meu pai se lembra do fogo e dos bombeiros e me contou que estava pensando na mesma coisa quando o bombeiro virou-se e disse:

– Você está segura aqui. – Ele diz que o rosto do bombeiro voltou-lhe à mente muitas vezes em que sentiu medo. Acho que pode ter sido um anjo. Meu pai diz que não acredita em anjos, somente em Deus. Talvez seja melhor não tentar explicar-lhe quem é o meu Ser do Futuro.

Também percebi que não fico mais nervosa com barulho muito alto, ou com pessoas (principalmente mulheres) gritalhonas.

A História

Terceira Parte

Jovem, ensine-lhes o que sabe

Quando não estava comendo ou bebendo, ele ficava nos galhos mais altos do Mirante. Ele gostava da capacidade que tinha de usar a Visão Ampla para observar a aproximação dos Quadrúpedes a distâncias cada vez maiores. Isso dava-lhe status *perante o seu povo, que o tratava muito bem. Os Jovens se reuniam à sua volta para ouvi-lo contar histórias sobre o "Espaço Aberto", e as mães sempre lhe traziam comida.*

Ele aproveitou essa vida até que um dia percebeu que os outros Guardiões começavam a evitá-lo. Tinham ressentimento e ciúme. Ele se sentiu confuso com essa reação. Por que não estavam satisfeitos com o fato de um dentre eles tornar a vida na Morada mais fácil para todos? Sua Visão Ampla era uma coisa boa. Por que estariam descontentes? Ele não sabia o que fazer.

Conforme aumentava o ressentimento dos outros Guardiões, ele foi ficando cada vez mais triste. Quando tentava tocar no assunto, eles o afugentavam dando socos no ar e se afastavam. Ele não sabia o que fazer. Sabia que não podia abandonar seus dons e habilidades, mas detestava ser maltratado daquela maneira pelos amigos.

Quando a hostilidade passou a ser maior do que ele podia suportar, decidiu procurar O Mais Velho para pedir conselhos. De-

pois de muito procurar, encontrou-o próximo à Margem com os olhos voltados para o Espaço Aberto. Ficou ali, parado, esperando em silêncio para não incomodar o membro mais velho e mais respeitado de toda a Morada. Depois de muito esperar, O Mais Velho falou sem se voltar:

— Ensine-lhes o que sabe, e não o rejeitarão mais.

— Claro! Obrigado — respondeu com entusiasmo. — Que idéia ótima! — gritou, e correu imediatamente para contar aos outros Guardiões. Não percebeu que O Mais Velho zelava por ele.

Ficou muito feliz quando os amigos reagiram às suas idéias com entusiasmo e alegria. Nos meses que se seguiram, ele passava horas a fio mostrando aos outros o que conseguia fazer. Aprendeu a ser mais paciente, pois ter Visão Ampla não era assim tão fácil para a maioria. Também aprendeu a ensinar os que aprendiam rápido a ajudá-lo a ensinar os que aprendiam mais devagar. Desse modo, não teve de se esgotar e, mais uma vez, teve o tempo necessário para comer, dormir, contar histórias e "vigiar sem olhar".

Logo, os Guardiões estavam usando a Visão Ampla, e a Morada passava a ser um lugar de fato tranqüilo para viver. Ele ficou muito satisfeito com a situação. Também ficou muito contente porque os amigos estavam satisfeitos com ele. O que mais o alegrava, porém, era ouvir O Mais Velho dizer:

— Você está usando sabiamente a Visão Ampla, meu Jovem. — Era disso que ele mais gostava.

Certo dia, quando fazia a sua parte para manter a segurança da Morada, percebeu que algo estranho acontecia no Espaço Aberto. Ao olhar com mais atenção, deu-se conta de que o que via eram vários Jovens avançando pela grama do outro lado da Margem. Aquilo não era boa coisa e ele passou a notícia, aos gritos, para os Anciãos que se encontravam logo abaixo. Vários saíram correndo rumo ao Espaço Aberto atrás dos Jovens. Foram reconduzidos à segurança das Árvores aos socos e tapas. Todos gritavam com eles:

— É perigoso ir até o Espaço Aberto; ninguém vai lá. — Estavam todos tensos.

Ao observar o caos que se instalava lá embaixo, lembrou-se da primeira conversa com O Mais Velho. Lembrou-se de quando estava parado à Margem olhando para o Espaço Aberto e o ouviu dizer: — Ir até lá é morrer. — Lembrou-se de ter ouvido que aqueles que se aventuraram e voltaram foram chamados de loucos e incomodaram tanto os demais que tiveram de ser mortos. Ficou pensando se aqueles Jovens também teriam de morrer.

Desceu para o chão da floresta, rumo ao meio da confusão. Olhou bem para todos à sua volta e viu que estavam com medo. Viu o horror que tomava conta dos Jovens que haviam causado todo o problema e sentiu pena deles. Estavam tentando explicar que ficaram apenas curiosos e pensaram que já era seguro o bastante para explorar o espaço além da Margem. Eles pensaram que a Visão Ampla dos Guardiões lhes daria tempo para explorar o Espaço Aberto.

— Visão Ampla não é garantia de segurança — gritavam os Anciãos, dando mais socos e tapas nos Jovens.

— Mas só queríamos ver! — gritavam os Jovens tentando responder e ao mesmo tempo se defender da fúria dos Anciãos.

De repente, alguém apontou para ele e gritou:

— É tudo culpa dele, com essa Visão Ampla. — Ele não acreditou no que ouvia. Gritavam com ele:

— É tudo culpa dele, tudo culpa dele — e corriam agitados em volta dele. Ficou com muito medo; toda a confusão e barulho começaram a deixá-lo tonto. Estava quase começando a subir de volta ao Mirante quando ouviu O Mais Velho gritar do meio da confusão:

— Chega. Parem já com isso! — Espantosamente, foi o que todos fizeram, e uma estranha calma há muito aguardada se alastrou por entre a gente. O Mais Velho ergueu-se e encarou todos, parecendo mais alto que antes, como diriam mais tarde. Quando as atenções se voltaram para O Mais Velho, ele disse:

— Não é seguro deixar a Morada. — Houve um silêncio e, em seguida, ele completou:

— Não têm de deixar a Morada para ver o que existe do outro lado da Margem. A Visão Ampla não é perigosa. Que haja paz na nossa Morada. — Depois disso, disse algo inesquecível:

— Jovem, por favor, ensine a todos o que sabe.

Capítulo Seis

Voarei solo?

Antes de me aprofundar em qualquer ponto desta obra, eu gostaria de reservar um espaço para discutir as implicações do que você está fazendo com seu corpo, com seus relacionamentos e com a sua vida. Até o momento, trabalhamos para eliminar as emoções e lembranças negativas armazenadas no corpo. Também começamos a substituir parte da programação limitadora que aceitamos na infância. Esta obra tem como ponto de partida a melhora da qualidade de vida, substituindo-se a raiva e o medo pela paz, a autocrítica pela aceitação de si mesmo. O uso continuado desses dois primeiros Processos ampliarão o alcance deste trabalho para você.

Além de sentir-se melhor no seu corpo e consigo mesmo, o uso do Processo Básico para neutralizar as reações negativas *no momento em que ocorrem* gera menos tensão em todos os relacionamentos. A inclusão de um Ser de Ajuda ou de um Aspecto de Confiança da Alma em toda situação negativa ensina ao corpo novas maneiras de reagir. Quanto mais você estiver disposto a introduzir a perspectiva superior no seu cotidiano, mais agradável se torna a vida.

De modo geral, isso será considerado bom pelos que se relacionam com você. Uma provável exceção à regra são, entretanto, as pessoas que gostam de causar tensão, ou as que gostam de provocar reações de medo. Essas pessoas não ficarão contentes com as suas mudanças.

Outra recaída provável resultante de tamanha mudança na sua vida é que qualquer relacionamento baseado em velhos julgamentos que você fazia de si mesmo terá de ser modificado. Se a outra pessoa no relacionamento não estiver disposta a aceitar um novo Ser (leia-se Alma), agora fortalecido, é provável que ela tenha de ser descartada da relação. Claro que isso às vezes pode ser doloroso. Felizmente, você saberá o que fazer com a dor. Você deixará que o seu Ser de Ajuda ou Aspecto de Confiança da Alma sinta essa transformação com você, e logo a dor será superada. Desse modo, você estará pronto para iniciar um novo relacionamento com alguém que dê valor às suas novas qualidades.

Se melhorar a qualidade de vida for uma mudança suficiente para você, os dois primeiros Processos descritos neste livro o ajudarão. Se, no entanto, estiver esperando algo mais, os dois primeiros Processos são apenas o começo. O trabalho que se segue trata da sua transformação neste planeta. Trata de não viver mais dentro dos limites comumente aceitos que são impostos pelos comportamentos baseados na sobrevivência. Trata de torná-lo parte de uma mudança muito maior que está atingindo a espécie humana. Trata, enfim, de fazê-lo voar até ultrapassar os conceitos e as realidades baseadas no princípio que o faz dizer: "Sou apenas humano".

Assumir a responsabilidade de transformar a própria vida é apenas um dos pontos que você deve ter em mente. Aceitar o próprio poder de tomar decisões com base no *porquê* da própria existência é outra tarefa que, às vezes, torna-se difícil. Com a ajuda da sabedoria superior e com a força de vontade da Alma, você pode e **viverá** de fato a realidade baseada no princípio que o fará dizer: "Não sou apenas humano".

Se estiver respondendo a uma vontade genuína de ser "mais", então há algo mais que você precisa considerar. Enquanto você não substituir uma parte significativa da programação primata do seu corpo, ele terá medo do que você está fazendo. Você está tentando uma mudança significativa. Lembra-se da relação do seu corpo com o termo "mudança"? Você está incorporando um termo que parece ser um grande desconhecido, assustador. Isso será o impulso para o seu corpo resistir ao que está fazendo.

A resistência pode assumir diversas formas. Desejar certas comidas ou substâncias são maneiras comuns de o seu corpo forçá-lo a fazer de novo o que é "humano". A dor é uma maneira eficaz de impedi-lo de se aprofundar nos processos de meditação. As doenças, sem dúvida, o fazem distrair-se de qualquer prática espiritual, a menos que saiba usá-las como uma forma de conseguir uma cura mais profunda. Tenho certeza de que você já tem consciência do quanto o seu corpo pode ser criativo quando se trata de sobreviver.

Enquanto o seu corpo acreditar que você está avançando em direção a algo "desconhecido", deverá resistir ao que está tentando criar. Esse é um dos motivos pelos quais o Processo Cronológico é tão útil. Ele dá ao seu corpo uma sensação muito real de que as mudanças que você está experimentando não são apenas superáveis; são, também, agradáveis. Aplicar o segundo Processo repetidas vezes e observar a paz e a sensação de forças crescentes (principalmente a força do Ser do Futuro dos próximos três anos) ajuda a diminuir a necessidade que o seu corpo tem de resistir.

Uma das mudanças mais perturbadoras para você e o seu corpo será a mudança em alguns relacionamentos com pessoas importantes da sua vida. Se continuar a progredir cada vez mais no seu trabalho de transformação e a mudar a programação do seu corpo, você ficará cada vez mais "diferente". As pessoas da sua vida que também estão trabalhando para desenvolver o corpo ficarão gratas por suas mudanças e valorizarão sua companhia e ajuda. Elas terão prazer em discutir o seu trabalho. As pessoas da sua vida que não estão trabalhando para desenvolver o corpo, no entanto, pensarão que você está enlouquecendo. No mínimo, passarão a evitá-lo. Na melhor das hipóteses, você será julgado, criticado e talvez até mesmo maltratado.

Por sermos basicamente seres sociais que se desenvolvem na companhia e aceitação de outros, ser rejeitado ou criticado pode ser doloroso e até mesmo assustador. Contida no nosso DNA está a informação que diz que precisamos de outros seres humanos para sobreviver. Não viveremos bem, na maioria dos casos, sem a relação com outros seres da mesma espécie. Não faz parte da natureza humana o isolamento, embora existam os que adotam essa conduta como forma de lidar com a rejeição e a crítica.

Nem sempre será fácil afastar-se das pessoas que não conseguem compreender ou lidar com "o que você está fazendo para você mesmo". É possível que mesmo os que o entendem passem a tratá-lo de modo diferente porque as mudanças que vêem em você despertam neles o medo da mudança a que também estão sujeitos. Principalmente se estiverem prestes a começar um trabalho de transformação por conta própria. Você vai descobrir que as pessoas que normalmente são amigas e companheiras podem ficar agressivas, ríspidas ou distantes. Haverá momentos em que você vai pensar que todos desistiram de você ou o abandonaram. Você se sentirá só. Ficará frustrado porque o processo de cura deve melhorar as coisas em vez de torná-las piores. Você terá vontade de que tudo volte a ser como antes. São sensações que podem durar alguns minutos ou alguns dias (dependerá de quanto tempo você vai levar para começar a deixar que a sua Alma ou Ser de Ajuda de Confiança trabalhem com você para recriar a realidade no seu corpo). Geralmente, é nesse ponto que uma boa conversa com um Ser do Futuro traz benefícios; ajuda a tornar mais fáceis esses dias de mudanças.

Também é possível tornar os dias de mudanças mais fáceis para as pessoas à sua volta. Há outro modo de usar o Processo Básico que pode ajudá-las a ficar mais tranqüilas com o que você está fazendo (ou, pelo menos, sentir menos medo). Caso não se lembre, o motivo pelo qual o Processo funciona é o fato de a dinâmica da Verdade e da "não-verdade" ocupar o mesmo lugar ao mesmo tempo. O fato de a Alma ou Ser de Ajuda poder ocupar com você o mesmo corpo, dá origem a duas realidades distintas do corpo; uma se baseia no princípio do corpo que o faz dizer: "Sou apenas Humano"; a outra, no princípio da Alma que o faz dizer: "Sou ***tudo*** o que sou". Justamente por ser essa segunda realidade a sua Verdade, ela tem o poder de tomar o lugar da primeira. O resultado disso, claro, é a redução das reações negativas e o aumento da compreensão e da sensação de paz.

Você pode criar a possibilidade de fazer com que a mesma dinâmica funcione no corpo de outra pessoa, fazendo por ela o mesmo que a sua Alma ou Ser de Ajuda faz por você. É possível transferir o foco do negativismo dessa pessoa para a percepção do princípio da Alma, segundo o qual "Sou ***tudo*** o que sou". Há algumas maneiras de viabilizar essa transferência. Uma delas consiste em imaginar a Alma ou Força Superior dessas pessoas adentrando seus corpos e sentindo com elas o próprio negativismo. Outra consiste em simplesmente ***saber*** que elas são Almas poderosas e multidimensionais em forma de ser humano. Além de minimizar a reação negativa do corpo à situação, a mudança de foco ajuda a Alma da outra pessoa a criar uma segunda realidade no seu corpo. Desse modo, se uma redução do negativismo for adequada, será feita por essa pessoa junto à própria Alma, geralmente de modo inconsciente.

Um dos fatores que nos possibilitam provocar essa mudança para outra pessoa, ou com ela, é o fato de os nossos corpos poderem se comunicar de modo inconsciente. Quando você se concentra em algo que é Verdade para o outro, o seu corpo também se concentra nessa Verdade. Quando o seu corpo está concentrado nessa Verdade, o corpo do outro também passa a ficar atento, mesmo que de modo inconsciente, a essa Verdade. (Lembra-se da comunicação da quarta dimensão discutida no Capítulo Quatro?) Se alterar o negativismo de uma pessoa for algo que a Alma considera adequado (se o negativismo não tiver um propósito e for uma simples reação do corpo), a Alma passa a recriar a realidade dentro da pessoa. Esse processo geralmente resulta numa diminuição do negativismo. Pode também resultar numa compreensão ou aceitação súbita do que você estiver fazendo.

Se você for capaz de compreender que está mantendo a Verdade em foco para dar ao outro a opção da cura, e não somente porque tem necessidade de diminuir sua reação negativa, então, você está agindo com espírito de ajuda, em vez de agir com espírito crítico. Com o tempo, sentir o outro como uma expressão da Alma passará a ser a sua maneira natural de ver as coisas. Essa visão dará aos outros a opção de cura como uma reação automática à sua presença.

Uma das coisas que as pessoas mais se vêem fazendo quando descobrem a capacidade de provocar mudanças positivas no mundo que as cerca, é pensar que elas *devem* provocar essas mudanças. Na verdade, o mundo está fazendo exatamente o que deveria fazer: proporcionar uma variedade de experiências, tanto positivas quanto negativas, para seus habitantes. Para aqueles cuja intenção de provocar mudanças positivas para si parte da Alma, a nossa mudança assume o papel de ajuda. Mas para aqueles que vivem o negativismo por opção da Alma (por motivos pertinentes à própria Alma), a nossa mudança pode tornar-se uma tormenta.

Não é tarefa nossa curar, consertar as coisas ou salvar. Nossa única responsabilidade é viver a Verdade que existe em nós, o que inclui, em algum momento, ver as coisas pelo prisma da luz e expressão superiores que elas são. Fazê-lo gera o potencial de curar ou de mudar as coisas para quem for necessário.

Nosso próprio trabalho de transformação sem dúvida toca e influencia as outras pessoas. Enquanto seres sociais, ensinamos o que sabemos e o que estamos aprendendo. Alguns de nós acabam incluindo esse ensinamento no próprio trabalho. Esse ensinamento pode ter o aspecto de algum tipo de instrução ou trabalho que atua como facilitador da cura de outros. Quando feito com espírito de imparcialidade, ajudamos a provocar mudanças no mundo à nossa volta. Quando feito com espírito de crítica ou de "necessidade de consertar ou salvar", estaremos contribuindo para o negativismo do mundo à nossa volta.

Uma das coisas que ouço com mais freqüência dos meus mestres é que "O importante não é o que você faz, mas a energia com que o faz". Essa afirmação serve como lembrete constante para que eu me sinta em paz com as escolhas dos outros. Também me faz sentir em paz com o que faço como facilitadora e mestra. Estou sempre atenta ao quanto esse processo pode ser difícil para aqueles com quem trabalho. Nem sempre é fácil conduzi-los por um caminho que eu sei quanto será doloroso. Quando me concentro em quem e no que eles são em essência, consigo ver sua força e capacidade de alcançar a liberdade que está no outro extremo da dor. Isso ajuda o meu corpo a juntar a coragem necessária para realizar alguns dos níveis mais intensos desse trabalho com outras pessoas. Também ajuda meu corpo a criar um ambiente mais afável e acolhedor no qual outras pessoas possam fazer o trabalho mais difícil.

Outra aplicação importante desse trabalho para mim é em situações nas quais estou consciente da resistência nas pessoas com quem estou trabalhando. Às vezes essa resistência assume a forma de raiva ou atitude do tipo "você não pode me obrigar". Nessas horas, procuro no íntimo dessas pessoas a intenção de suas Almas de usar o que estou oferecendo. Quando consigo ver o que as trouxe até mim em primeiro lugar, elas também o percebem. É a partir daí que a sua energia muda e elas passam a proporcionar a cura para si mesmas.

A coisa mais eficaz e poderosa que podemos fazer por nós mesmos e pelo nosso mundo é cuidar de nossas próprias transformações, deixando de viver como seres passionais e passando a viver como seres capazes de enxergar pela perspectiva da Alma. Quando fazemos isso, tornamo-nos exemplos, tornamo-nos guias, tornamo-nos a prova de que viver como Alma é algo que pode ser feito pelo ser humano. Tornamo-nos a prova de que esse nível de transformação pessoal é sustentável; e que a linguagem do corpo primata no qual vivemos é coisa muito boa.

Resumo

Sobre a questão da mudança

Qualquer redução da quantidade de Medo em você resulta na redução da mesma quantidade de Medo no mundo.

Qualquer aumento da quantidade de Amor em você resulta no aumento da mesma quantidade de Amor no Mundo.

**De uma forma ou de outra,
você exerce influência
sobre o seu mundo.**

**Jamais subestime o poder de ver
(e valorizar)
a Natureza Superior de outra pessoa.**

**Isso chama-se Amor.
Resulta em Cura.**

**Ninguém precisa que você o salve ou conserte.
Só precisa que você o ame
sem julgar.**

O seu modo de fazer as coisas não é necessariamente o do outro.

ATIVIDADES

Lista de práticas do processo básico

Sem pressa, escreva as respostas para as perguntas abaixo do modo mais sincero possível. (Não há respostas certas ou erradas. Algumas dessas respostas deverão ser usadas nas Tarefas.)

1. Há quanto tempo você trabalha para mudar "a sua maneira de ser"?
2. Do que sabe a respeito da perspectiva da Alma, quanto você acredita que vive de fato?
3. Quantas vezes você pergunta "por que" algo está acontecendo?
4. Quais eram as circunstâncias na última vez em que fez essa pergunta?
5. Quantas vezes você sente que este planeta não é de fato a sua morada?
6. Alguma vez sentiu vontade de "acabar com tudo"?
7. Em caso afirmativo, qual foi a última vez em que teve essa vontade e quais eram as circunstâncias?
8. Quantas vezes você percebe que não está discutindo suas crenças por medo do que alguém possa pensar?
9. Você se considera um vidente?
10. Em que ocasiões comenta esse fato?
11. Se for vidente (ou se já foi), com quem você poderia conversar a respeito? Escreva os nomes de pelo menos cinco pessoas e o motivo.
12. Se for vidente (ou se já foi), com quem não poderia conversar a respeito? Escreva os nomes de pelo menos cinco pessoas e o motivo.
13. Qual é a sua maior esperança nesta vida?
14. Qual o seu maior medo?
15. Os acontecimentos que observa no planeta são do seu agrado?
16. Por quê?
17. Os acontecimentos que observa no planeta o desanimam?
18. Por quê?
19. Por que é importante para você trabalhar ativamente para mudar a "sua maneira de ser"?

Lista de práticas do processo cronológico

Sem pressa, escreva as respostas para as perguntas abaixo do modo mais sincero possível. Algumas dessas respostas serão usadas na sua Tarefa.

1. Você acredita ser possível fazer toda a cura de que precisa nos próximos três anos?
2. Você acredita ser capaz de provocar alguma mudança neste mundo?
3. Por que acredita nisso?
4. Quantas vezes em um dia você sente Amor?
5. Quantas vezes em um dia experimenta o sentimento de raiva?
6. Quantas vezes em um dia experimenta o sentimento de medo?
7. Quantas vezes em um dia você deseja saber mais?
8. Você acredita que o mundo sofrerá mudanças significativas nos próximos três anos?
9. Você acredita que verá uma mudança de consciência da nossa espécie enquanto viver?
10. Você teme que, se acaso mudar demais, você vai acabar sozinho?
11. Se o dinheiro não fosse motivo de preocupação, o que exatamente você faria do seu tempo?
12. Se estivesse vivendo o relacionamento perfeito, como seria?
13. Como imagina ser a total aceitação de si mesmo?
14. O que imagina que a total aceitação de si mesmo o faria sentir?
15. O que significa para você amor incondicional?
16. Já deu esse tipo de amor para alguém?
17. Em caso afirmativo, para quem e quando?
18. Em caso negativo, qual você acha que foi o motivo?

19. Alguma vez você recebeu amor incondicional de alguém?
20. Em caso afirmativo, de quem e quando?
21. Em caso negativo, qual você acha que foi o motivo?
22. Você diria que está em paz com a sua vida?
23. Por quê?
24. Você diria que se sente grato por esta vida?
25. Por quê?
26. O que você acha que é a coisa mais negativa que este mundo tem a oferecer?
27. O que você acha que é a coisa mais positiva que este mundo tem a oferecer?

TAREFAS

Como usar o processo básico

Estas Tarefas foram formuladas para dar a você a oportunidade de descobrir e aplicar mais a perspectiva da sua Alma em sua vida. Nestas sessões práticas, sugere-se que você deixe seus Aspectos da Quinta e da Sétima dimensões da Alma trabalharem com você. Antes de iniciar cada sessão, escolha uma das seguintes respostas da Lista de Práticas do Processo Básico (neste capítulo) para se concentrar durante o Processo:

- a sua resposta à questão 4;
- a sua resposta à questão 14;
- as suas respostas às questões 17 e 18;
- as suas respostas às questões 6 e 7;
- a sua resposta à questão 2.

Depois continue o Processo Básico. No fim de cada sessão, relate sua experiência no Relatório de Práticas do Processo Básico.

Como usar o processo cronológico

Estas Tarefas foram formuladas para dar a você a oportunidade de descobrir e aplicar a perspectiva do seu Ser do Futuro na sua vida. Nestas sessões práticas, sugere-se que você deixe que o seu Ser do Futuro de três anos trabalhe com você. Antes de iniciar cada sessão, escolha uma das seguintes respostas da Lista de Práticas do Processo Cronológico do Capítulo Seis para se concentrar durante o Processo:

- a sua resposta à questão 14;
- a sua resposta à questão 10;
- a sua resposta à questão 15;
- a sua resposta à questão 24;
- a sua resposta à questão 19;
- a sua resposta à questão 27;
- a sua resposta à questão 8.

Por fim, prossiga com o Processo Cronológico – Primeira Aplicação. No fim de cada sessão, relate sua experiência no Relatório de Práticas do Processo Cronológico.

Capítulo Sete

Se eu alterar o meu DNA, o que vai ser de mim?

Um primata não é capaz de voar
porque seu corpo carece das
partes necessárias para o vôo ou
porque não ativou
seu manual genético de vôo?

Já discutimos a importância de modificar "o que o corpo sabe" para alterar sua influência sobre o comportamento. Nos capítulos anteriores, trabalhamos com ferramentas que alteram as influências limitadoras da infância e da cultura. Trabalhamos para diminuir o acúmulo de lembranças dolorosas e de emoções negativas armazenadas no corpo. Aprendemos a entrar em sintonia com fontes de perspectivas, inspiração e sabedoria superiores. Agora, nas palavras dos meus Mestres, "vamos nos aprofundar": vamos direto à parte constituinte do nosso corpo, o DNA.

Devo confessar que fiquei questionando a saúde mental dos meus Mestres quando me apresentaram o Processo do DNA. Simplesmente, eu não via sentido em tudo aquilo. O conceito do processo também me assustava. Lembro-me de ter dito: "não se pode brincar com a programação genética do corpo. Meu Deus, o que seria de nós?". O silêncio que os Mestres me davam como resposta servia de sinal para que eu pensasse sobre o assunto. Foi o que eu fiz, e descobri o seguinte: O medo que sentimos baseia-se essencialmente em dados genéticos. O medo não é a nossa verdadeira natureza e obstrui os nossos caminhos. Portanto, pode até ser vantajoso chegar à fonte do medo. Pode até ser vantajoso ter um Processo de DNA com o qual seja possível trabalhar. Quando me voltei novamente para os meus Mestres, eles me perguntaram:

– Muito bem, está pronta?

O DNA é que diz ao corpo como ele deve construir a si mesmo. O DNA do Primata Humano é o que diz ao corpo como perpetuar sua existência (como sobreviver). O DNA do Primata Humano é algo que tem se desenvolvido há muito tempo. Isso significa que, além de informações ligadas à sobrevivência da espécie, informações ligadas à evolução também fazem parte do corpo. Nesta obra, vamos considerar outra influência que está sob o nosso controle: o poder da vontade e da intervenção da Alma.

Há dois modos de ver a necessidade e a possibilidade de mudar nossas informações genéticas. Falando estritamente do ponto de vista da sobrevivência, não podemos sobreviver como espécie se não encontrarmos um modo de mudar a nossa natureza agressiva. A população mundial está crescendo num ritmo mais acelerado do que permite a nossa programação territorial. (O aumento das taxas de criminalidade nas grandes cidades é exemplo disso. A extinção de tantas outras formas de vida do nosso planeta é outro exemplo.) Temos de encontrar outro modo de conviver se quisermos continuar a existir neste planeta.

Podemos optar por prosseguir no caminho negativo até nos eliminarmos, ou podemos tomar um caminho positivo e criar algo muito diferente para a nossa espécie. Neste exato momento, ambas as tendências parecem estar em vigor no mundo. A segunda, no entanto, parece estar ganhando impulso. O anseio por algo inteiramente novo está crescendo no nosso meio e pode ser visto em quase todos os lugares. Tudo está sendo redefinido, inclusive os conceitos de Deus, Espírito, Vida, Amor, Poder e Ser. O anseio por uma fonte de sabedoria superior tornou-se questão de sobrevivência. Quem somos? O que somos? Por que existimos? São perguntas feitas com freqüência cada vez maior.

Falando de um ponto de vista espiritual, parece até que estamos preparados para ouvir as respostas. Parece também que as respostas são encontradas num lugar onde, como espécie, não estamos acostumados a procurar: dentro de nós mesmos. Nossa "pequena voz interior" está ficando cada vez mais forte e acessível. A Orientação Espiritual está se tornando o Conhecimento Interior. Se você perguntar à sua Alma o que ela quer, é muito provável que ela diga que o quer mais calmo. Esta não é uma resposta desconhecida. Paz e Amor já são mensagens da Alma há algum tempo. No entanto, caso devesse repetir a pergunta, você descobriria que uma nova mensagem foi acrescentada. A nova mensagem é: "Eu gostaria de ser sua Parceira."

Quando começamos uma nova parceria com a Alma, a primeira coisa que descobrimos é que os seus preceitos são, na verdade, difíceis de seguir. Quando passamos a mudar os paradigmas necessários para aumentar a nossa capacidade de seguir os preceitos da Alma, descobrimos que se trata de um processo lento e difícil. Quando pedimos mais apoio à Alma, ela responde:

– Deixe-me entrar. – Respondemos dizendo:

– Já deixei. – E ela repete:

– Deixe-me entrar no seu corpo.

A Alma está pedindo, com insistência, a oportunidade de gerar um padrão consciente que desenvolva a forma física animada por ela. Para viabilizar esse processo, devemos aceitar o seu apoio e influência de modo consciente. Embora tenhamos vontade de fazê-lo, não faz parte da natureza do corpo reconhecer ou compreender a Alma. Portanto é necessário criar uma ponte entre os dois. O Processo do DNA leva essa "ligação" a outros patamares e permite que você e a sua Alma incluam o corpo nessa parceria. Isso gera força de ânimo. Também gera a capacidade de mudar mais facilmente os paradigmas necessários para nos deixar ***viver*** a perspectiva da Alma. Esse processo é, de certo modo, um atalho para proporcionar o tipo de vida que você deseja.

O Processo de Transformação de Weiss Três – o Processo do DNA – tem duas aplicações. A primeira aplicação trabalha com os Aspectos da quinta e da sétima dimensões da Alma e foi formulada para neutralizar as informações genéticas que mantêm o seu corpo preso a uma realidade dominada pelo medo. Lembre-se de que você está deixando que somente a Alma entre no seu DNA. Sua Alma sabe exatamente que tipo de informação deixou de ser útil e, quando lhe é dada a permissão, tem a capacidade e o poder de neutralizar essa informação. Você também pode enxergar esse processo pelo prisma do lado esquerdo do cérebro, no qual a realidade da Alma, que é de freqüência superior, altera a realidade do medo, de baixa freqüência. De qualquer modo, quando a Alma estiver trabalhando no interior dos ossos, das células, do DNA, algo maravilhoso acontece.

A segunda aplicação trabalha como o Aspecto da décima segunda dimensão da Alma e foi formulada para ativar as informações evolutivas, o que eu chamo de DNA Divino. Evoluir é uma das coisas que os seres vivos fazem neste planeta. Deixar que a Alma tenha acesso a essas informações genéticas e as coloque em ação nos ajuda a evoluir de modo consciente, algo que as outras formas de vida deste planeta não fazem. (No entanto, há rumores de que os golfinhos sabem dessa possibilidade.)

Trabalhamos com o Aspecto da décima segunda dimensão da Alma nesta Aplicação porque é a parte de nós que compreende o propósito desta vida e deste corpo. É o Aspecto mais adequado para ativar o código específico que viabiliza esse propósito. Esse fato resulta na redução dos obstáculos impostos à mudança de consciência que estamos tentando implementar. Também torna a comunicação com dimensões superiores muito mais clara e fácil.

O procedimento usado no Processo do DNA é um pouco diferente dos outros dois processos, pois, uma vez que os Aspectos dimensionais da Alma estejam a postos, você estará pronto para aplicar o Processo. Mais uma vez, é necessário proporcionar ao seu corpo uma experiência que não apenas o deixe envolvido com o desenrolar do processo, mas que lhe dê a sensação de que algo de fato está acontecendo. Para esse fim, pede-se que você se concentre na palma da mão esquerda. Usando a imaginação, caso necessário, passe a se concentrar nos ossos, em seguida nas células e, por fim no DNA. Para algumas pessoas, essa experiência é bastante visual e o DNA pode ser visto na forma de feixes de cor ou na forma de um fluxo de partículas. Em seguida, a Alma está livre para enviar fluxos de consciência ou de luz através da sua mão diretamente para o DNA, onde inicia o trabalho de ativar ou neutralizar o código genético apropriado, dependendo de qual aplicação ou Aspecto da Alma você esteja usando. O Resumo deste capítulo mostrará as instruções completas para ambas as aplicações do Processo do DNA.

A essa altura, peço que você pense por um momento nas idéias que discutimos aqui. Você acredita que a Alma, a sua Força Superior, seja capaz de exercer tamanha influência sobre o corpo? Trata-se de um milagre que a Alma faz por você, ou será que todo o código genético é constituído basicamente de energia e, portanto, pode ser alterado por meio da aplicação de uma forma de energia superior, de natureza anímica? Você acredita que esse processo funciona para você? Que importância tem para o processo de evolução espiritual?

A meta da nossa evolução é um novo Ser Humano. Não se trata de desenvolver novos membros ou de mudar nossa aparência. Trata-se de gerar uma forma física com uma perspectiva subconsciente que nos proporcione a liberdade de viver sem medo e autocrítica. Trata-se de criar uma realidade que envolva amor, alegria e criatividade. Trata-se de, finalmente, termos o que sempre almejamos: um mundo sem ódio, sem sofrimento, sem injustiças, sem nenhuma forma de escravidão. Trata-se de nos sentirmos como uma Alma com um corpo, em vez de um corpo com alma. Somos capazes de cumprir essa meta. Temos o dom de voar. Esse dom está nos ossos, nas células, no DNA.

RESUMO

Etapas do processo

Processo de Transformação de Weiss Três — Processo do DNA

Primeira aplicação

Este processo tanto pode durar cinco minutos como pode durar vinte minutos. Será diferente cada vez que for aplicado e você perceberá quando a sessão chegar ao fim.

O ponto mais difícil deste processo será permanecer consciente, e é provável que você perceba sua mente divagar. Do mesmo modo que cabe à Alma trabalhar com o DNA, cabe a você manter o corpo aberto ao trabalho. O meio mais adequado é ficar atento ao fluxo de consciência ou luz da Alma.

- Relaxe o corpo por alguns minutos.
- Concentre-se no Aspecto da quinta dimensão da Alma que existe à sua volta.
- Traga esse Aspecto para junto de você, confirmando sua vontade de deixá-lo atuar com você para facilitar a cura e estimular a Verdade Superior.
- Concentre-se no Aspecto da sétima dimensão da Alma que existe à sua volta.
- Traga esse Aspecto da Alma para junto do seu corpo, confirmando assim a sua vontade de deixá-lo atuar com você para facilitar a cura e estimular a Verdade Superior.
- De olhos abertos, volte a atenção para a palma da mão esquerda. Imagine que está vendo os ossos sob a pele, depois as células e, por fim, o DNA dentro das células.
- Confirme a vontade de deixar que a sua Alma faça mudanças genéticas por você e deixe que o fluxo de consciência ou de luz da Alma entre na sua mão. Veja esse fluxo passando pelos ossos, atingindo

as células e chegando ao DNA. (Confie em qualquer visão ou sensação que tiver como resultado da experiência.)

- Preste atenção ao fluxo no momento em que ele começar a procurar o código de sobrevivência do primata que já não serve mais para você.
- Preste atenção ao fluxo da consciência quando começar a subir pelo braço e se propagar pelo resto do corpo. (Algumas pessoas conseguem visualizar essa etapa; outras sentem uma onda de calor.)
- Preste atenção ao fluxo de energia da Alma passando para a sua mão, depois para os ossos, para as células, para o DNA e, em seguida, percorrendo o resto do corpo.
- Fique bem atento ao fluxo da Alma até sentir que essa etapa foi concluída. Nesse ponto, feche os olhos e junte as mãos.
- Respire devagar enquanto sua Alma conclui o trabalho junto com o seu corpo.
- Você pode perguntar aos Aspectos da sua Alma o que quer saber a respeito do Processo e deve estar aberto às respostas que receber.
- Quando se sentir satisfeito com esse contato, agradeça aos Aspectos da sua Alma pela ajuda.
- Observe como se sente.
- Agradeça ao seu corpo por tê-lo deixado viver essa experiência e agradeça a si mesmo pelo esforço empenhado.

Procedimentos do processo

Processo de Transformação de Weiss Três — O processo do DNA

Segunda aplicação

Este processo tanto pode durar cinco minutos como pode durar vinte minutos. Será diferente cada vez que for aplicado e você saberá dizer quando a sessão chega ao fim.

Além dos Aspectos da quinta e sétima dimensões da Alma, o Aspecto da décima segunda dimensão da Alma também vai trabalhar com você nesta Aplicação do Processo. É esse Aspecto da Alma que compreende por completo o propósito da sua existência neste corpo e é, portanto, o mais adequado para ativar o código específico que melhor contribui com esse propósito.

O mais difícil deste processo será permanecer consciente e você poderá perceber sua mente divagar. Do mesmo modo que cabe à Alma trabalhar com o DNA, cabe a você manter o corpo disposto a desempenhar o trabalho. A atenção constante ao fluxo de consciência ou de luz da Alma é o meio adequado.

- Relaxe o corpo por alguns minutos.
- Concentre-se no Aspecto da quinta dimensão da sua Alma que existe à sua volta.
- Traga esse Aspecto para junto de você, confirmando sua vontade de deixá-lo atuar com você para facilitar a cura e estimular a Verdade Superior.
- Concentre-se no Aspecto da sétima dimensão da Alma que existe à sua volta.
- Deixe que esse Aspecto da Alma entre no seu corpo, confirmando assim a sua vontade de deixá-lo atuar com você para facilitar a cura e estimular a Verdade Superior.
- Concentre-se no Aspecto da décima segunda dimensão da Alma que existe à sua volta.
- De olhos abertos, volte a atenção para a palma da mão esquerda. Imagine que está vendo o osso sob a pele, depois as células e, por fim, o DNA dentro das células.
- Confirme a vontade de deixar que sua Alma faça alterações genéticas por você; deixe que o fluxo de consciência da Alma entre pela palma da sua mão. Veja o fluxo passando pelos ossos, atingindo as células e chegando ao DNA. (Confie em qualquer visão ou sensação que tiver como resultado dessa experiência.)
- Preste atenção ao fluxo quando começar a procurar e ativar o código genético Divino necessário para ajudá-lo no seu trabalho espiritual.
- Preste atenção ao fluxo de consciência quando começar a subir pelo braço e se propagar pelo resto do corpo. (Algumas pessoas conseguem visualizar essa etapa; outras sentem uma onda de calor.)

- Preste atenção ao fluxo de energia da Alma passando para a sua mão, depois para os ossos, para as células, para o DNA e, em seguida, percorrendo o resto do corpo.
- Fique atento ao fluxo da Alma até sentir que o mesmo está completo. Nesse ponto, feche os olhos e junte as mãos.
- Respire devagar enquanto sua Alma conclui o trabalho junto com o seu corpo.
- Você pode perguntar aos Aspectos da Alma o que você quer saber a respeito do Processo e mantenha-se aberto às respostas que receber.
- Quando se sentir satisfeito com esse contato, agradeça aos Aspectos da Alma pela sua ajuda.
- Observe como se sente.
- Agradeça ao seu corpo por tê-lo deixado viver essa experiência e agradeça a si mesmo pelo esforço empenhado.

ATIVIDADES

Lista de práticas para as conversas com a sua alma

Sem pressa, escreva as respostas para as perguntas abaixo do modo mais sincero possível. Algumas destas respostas serão usadas para fazer as Tarefas.

1. Qual é, na sua opinião, a principal justificativa para a sua vida neste mundo?

2. Mencione mais três justificativas.

3. Você acha que a sua vida é importante?

4. Por quê?

5. Qual é a coisa mais importante que você quer da sua Alma?

6. Por quê?

7. A idéia de que a sua Alma pode provocar mudanças no seu DNA é positiva para você?
8. Por quê?
9. Você tem algum receio de deixar que sua Alma faça esse tipo de trabalho no seu corpo?
10. Por quê?
11. Você duvida que a Alma seja capaz de fazer esse trabalho?
12. Por quê?
13. Você duvida da sua capacidade de deixar a Alma fazer esse tipo de trabalho no seu corpo?
14. Por quê?
15. Qual é, na sua opinião, o maior desejo da sua Alma?
16. Mencione outras três coisas que você acredita que a sua Alma deseja para você.

TAREFAS

Conversas com a sua alma

Uma vez que trabalhar com o DNA pode ser uma idéia assustadora para o corpo, é importante dar a você mesmo tempo para compreender por completo os motivos desse Processo. Uma vez que é para a sua Alma que você está abrindo o seu corpo de modo tão íntimo, e uma vez que é a sua Alma que está pedindo a oportunidade de co-criar com você, é a ela que você deve recorrer.

Usando o Processo Básico, peça aos três aspectos da Alma (o quinto, o sétimo e o décimo segundo), que participem. Uma das respostas seguintes dadas na Lista de Conversas com a Alma deverá ser usada como ponto de referência em cada sessão.

- As suas respostas às questões 3 e 4.
- As suas respostas à questão 9.
- As suas respostas às questões 11, 12, 13 e 14.
- As suas respostas à questão 15.
- As suas respostas às questões 5 e 6.

Continue o Processo Básico, lembrando-se de sempre comunicar suas respostas aos Aspectos da Alma e também de estar aberto às reações que tiverem às suas respostas. Ao final de cada sessão, conte sua experiência no Relatório de Práticas do Processo Básico.

Observação: Pode ser interessante perguntar aos dois Seres do Futuro o que eles esperam da aplicação do Processo do DNA. Se decidir ter essa conversa com eles, peça a cada um (em sessões diferentes) para lhe mostrar os resultados desse Processo e quantas vezes o aplicaram para obter os resultados desejados. Você também pode perguntar se há algo que eles teriam feito de outro modo. Ao final de cada sessão, relate a experiência no Relatório de Práticas do Processo Básico.

Como praticar o processo do DNA

Estas Tarefas foram formuladas para dar a você a oportunidade de observar o funcionamento do Processo do DNA na sua vida. Inicie a Primeira Aplicação do Processo do DNA seguindo o modelo que se encontra no Resumo deste capítulo. Ao final de cada sessão, relate a experiência no Relatório de Práticas do Processo do DNA.

É extremamente benéfico dar ao corpo alguns dias antes de iniciar a Segunda Aplicação do Processo do DNA. Esse intervalo dá ao seu corpo a oportunidade de se acostumar ao que a Alma criou e de se adaptar à mudança. Ao final da sessão da Segunda Aplicação, relate a experiência no Relatório de Práticas do Processo do DNA.

Exemplo de um possível relatório:

MEU RELATÓRIO DE PRÁTICAS DO PROCESSO DO DNA

Sexta-feira, 18 de dezembro.

O Processo durou: aproximadamente dez minutos.

O Processo: Primeira Aplicação.

Os Resultados: A sessão de hoje foi muito difícil. Geralmente não sinto muita coisa, só um tipo de formigamento espalhando-se pelos ossos. Hoje pude sentir a Alma! Senti uma onda de calor e tive a certeza de que ela estava atuando nos meus ossos. Depois, tive a sensação de que os Aspectos da Alma ficaram satisfeitos porque senti uma certa "alegria" no meu coração. Não sei que outras palavras usar.

Outras Observações: Nenhuma.

MEU RELATÓRIO DE PRÁTICAS DO PROCESSO DO DNA

Segunda-feira, 21 de dezembro.

O Processo durou: aproximadamente quinze minutos.

O Processo: Segunda Aplicação.

Os Resultados: Meu Aspecto da décima segunda dimensão deve estar ficando mais forte ou eu devo estar ficando mais sensível a ele porque hoje o senti no meu corpo. É como se eu estivesse de algum modo "mais forte" ou mais centrada. Não consegui acompanhar seus movimentos pelo corpo porque a energia era tão forte que eu só consegui me concentrar na minha mão.

Outras Observações: Parece que fica mais fácil me concentrar cada vez que aplico o Processo, mas acho que é porque as sensações estão mais fortes do que quando comecei. Acho que não preciso ver luzes brilhantes, como algumas pessoas vêem.

Capítulo Oito

Não olhe para baixo

Uma das primeiras coisas que se nota sobre o trabalho de transformação pessoal é que nem tudo melhora logo no início do processo. Muitos de nós estamos no processo há muitos anos e, a despeito da eficácia dos recursos que usamos, parece que leva um tempo enorme para acontecer a Mudança de Consciência. Um dos motivos dessa demora é o fato de estarmos no que eu chamo de "O Reino da Lentidão", no qual, via de regra, as coisas não acontecem "num piscar de olhos". Trabalhar dia após dia nem sempre nos dá a perspectiva necessária para perceber as mudanças que estamos promovendo. No entanto, se olharmos para os últimos dez, cinco ou mesmo três anos, podemos ver que, de fato, fizemos mudanças notáveis em nós mesmos.

A questão não é que não estamos criando uma realidade nova e mais positiva; a questão é que o negativismo restante está se intensificando e nossa atenção está sendo desviada dos aspectos positivos. Por exemplo, embora fiquemos com raiva com menos freqüência, e a raiva não dure tanto quando chega a se manifestar, ficamos frustrados com o simples fato de ainda sentirmos raiva. A frustração que sentimos é cada vez mais intensa e temos a sensação de que ainda não fizemos progresso algum.

Outro exemplo válido para alguns de nós é que as coisas à nossa volta também parecem estar adquirindo uma intensidade incomum. Pessoas que conhecemos desenvolvem doenças terminais, equipamentos elétricos ou mecânicos quebram o tempo todo ou, simplesmente, as pessoas mais próximas parecem estar num constante estado de inadequação. O que será que está acontecendo e onde está o "paraíso terrestre" que deveríamos estar criando com todo o empenho que temos dedicado a nós mesmos?

Há várias explicações para isso e eu vou apresentar aqui uma delas. Quando um indivíduo (ou espécie) inicia o processo de transformação, a Alma reage com um fluxo de energia e perspectivas novas e de freqüência mais alta. Essas energias e perspectivas de freqüência mais alta combinam-se com o desejo coletivo de mudança. Isso faz com que tudo o que carece de mudança venha à tona. Quanto mais forte a vontade de mudar, mais forte torna-se a focalização da Alma. Quanto mais forte a focalização da Alma, mais rápidas devem ser as mudanças. Como conseqüência, as coisas podem parecer um tanto caóticas durante algum tempo.

Embora não pareça, o que está se passando no mundo e em nós é, na verdade, uma boa notícia e, de certo ponto de vista, uma questão de física psicológica. Pelo menos metade da população do planeta está envolvida numa mudança de consciência espiritual, de uma forma ou de outra. À medida que aumenta o número de pessoas iniciando o processo de mudar da perspectiva Primata para a Divina, a necessidade de novas formas de equilíbrio também aumenta. Uma estrutura de poder baseada em instintos de sobrevivência não vai responder a essa nova exigência. Uma forma inteiramente nova de responder às massas e apoiá-las faz-se necessária. Como resultado disso, quase tudo neste nosso mundo está sendo questionado. Toda forma de poder regulador está sendo desafiada, quer seja paternal ou maternal, social, religioso ou econômico.

Embora o corpo humano contenha as informações genéticas necessárias para dar o próximo passo na evolução física, não tem, por ora, as informações necessárias para dar o próximo passo na evolução social. A natureza primata do corpo humano é a causa principal de todo o sofrimento das pessoas e do mundo e não tem capacidade para nos ajudar a conseguir algo diferente. Essas informações devem vir da nossa natureza superior.

Fomos dotados ao longo dos tempos com várias fontes de Sabedoria Superior. Sábios, santos, mestres, avatares, gurus e textos sagrados contribuíram para nos ajudar a compreender que há um modo menos negativo de lidar com nós mesmos e com os outros. No entanto, ouvir isso de uma fonte que está fora de nós, não importa o quanto seja sagrada, não parece ser o bastante. Ainda lutamos com um comportamento de sobrevivência. Obviamente, ***saber*** a respeito da perspectiva superior não é o mesmo que ***ser*** a perspectiva superior. E isso nos traz de volta à importância do que é este trabalho: integrar o que a Alma sabe no corpo para mudar a natureza do corpo. Não importa que disciplina ou conjunto de procedimentos você usa; ***integrar*** a nova perspectiva no modo de ser do corpo tornou-se necessário.

Uma vez que metade da população mundial está ativamente envolvida numa mudança de consciência espiritual, o Paraíso Terrestre que procuramos será, de fato, criado. Podemos usar os olhos da Alma para ver que, com o tempo, as coisas começam a tomar o próprio rumo. É só uma questão de tempo. Afinal, estamos num plano de existência no qual o Tempo é um fator preponderante.

Existem, na verdade, dois motivos para dedicar tempo à nossa transformação no âmbito pessoal e planetário. O primeiro deve-se ao fato de que o principal propósito da Alma de habitar o corpo no plano terrestre é a ***experiência*** em si. Portanto, uma experiência completa torna-se desejável, e apressar o processo de transformação pode significar a perda de algo valioso.

O segundo motivo para dedicar esse tempo é a capacidade ou incapacidade humana de mudar. A psique humana não pode funcionar se as coisas em si ou ao seu redor mudarem depressa demais. Por ser, afinal, o corpo o que estamos transformando, é muito importante seguirmos o seu ritmo. É extremamente contraproducente forçar o corpo a mudar depressa demais e fazer com que se desgoverne.

Uma das coisas que podem tornar esse processo menos tenso é o uso de qualquer processo ou ferramenta que nos ajude a alcançar um estado de paz e neutralidade. Embora alguns acreditem que as drogas ou o álcool sejam bons meios de atingir essas metas, esses elementos acabam causando mais danos ao corpo. Existem várias práticas de meditação à nossa disposição para atingir a paz interior, e essa é uma das razões para a criação dos Processos de Transformação de Weiss.

O processo de transição não tem de ser doloroso e não é necessário fazê-lo sozinho. Também não tem de durar uma eternidade. Permitir que a Alma, a sua própria Força Superior, viva a experiência com você confere a você capacidade de diminuir a dor e reduzir o tempo que você gasta no processo. Permanecer exposto à atenção da Alma também gera a sensação de sempre estar sendo ajudado e valorizado, algo de que todos nós poderíamos fazer um uso mais freqüente.

Outro modo de ajudar o corpo é acompanhar as mudanças positivas que cada um cria para si. Os Relatórios do Processo que se encontram neste livro, por exemplo, foram feitos para esse fim. Caso você tenha uma noção clara do que está fazendo, será mais fácil aceitar as metas que você tem de cumprir.

O que você está tentando criar na sua vida é significativo. Mudar a psicologia genética básica da forma física do humano é um conceito incrível. Somente com o poder de Deus poderia fazê-lo. Felizmente, esse Algo-Que-Está-Por-Trás-de-Tudo tão incrível e poderoso é justamente o componente das Almas. Do mesmo modo, o fato de o seu corpo ter toda a atenção da Alma é uma dádiva. A mágica começa de fato quando a Alma tem toda a atenção do corpo.

Para esse fim, quando estiver olhando para dentro do subconsciente, atraia o foco da Alma para si e o subconsciente passará a refletir a Verdade da Alma. Quando voltar o olhar para o Passado, atraia o foco da sua Alma para si e o Passado passará a refletir a Sabedoria da Alma. Quando olhar nos olhos de alguém, olhe com a perspectiva da Alma e a sentirá reconhecendo o outro. Faça da sua Força Superior a sua parceira e ela revelará o que é e o que sabe. Deixe essa força invadir o seu corpo e torne-se o Humano Divino. Porque todos os primatas que voam sabem que você não deve olhar para baixo... sem os olhos da Alma.

A História

Quarta Parte

Jovem, dê-lhes força

Ele passava os dias em conversas animadas com os Jovens que se acercavam dele. Tinham vontade de aprender como melhor usar a Visão Ampla, como ele fazia. Era respeitado por sua Gente. Nunca antes alguém como ele ocupara aquela posição. Nunca antes pediram a alguém como ele que ensinasse os demais. Tudo isso fazia dele o Mestre Superior, um dos postos mais honrados por sua Gente.

Ele tinha o cuidado de não usar sua posição de modo imprudente. O Mais Velho o advertira várias vezes. Mais de uma vez, quando trabalhava com grupos da sua comunidade nos galhos mais altos das árvores, olhava para o alto a fim de ter a certeza de que o Líder o observava. E, mais de uma vez, depois de falar e ensinar por um longo dia, era chamado de lado para receber sábios conselhos.

Ele nunca sabia ao certo por que passava por aquilo, mas não adiantava questionar O Mais Velho. Ele sempre respondia a mesma coisa: "Porque era a hora de acontecer". Perguntava a si mesmo se algum dia ele compreenderia essa resposta. Ele não sabia se queria mesmo compreender.

De modo geral, sua vida era muito agradável. Era bom ser querido e admirado. E toda a atenção feminina que recebia,quando lhe traziam comida, era sem dúvida uma vantagem. Mas havia mo-

mentos em que ele não tinha tanta certeza de que era O Mestre da Visão Ampla.

Havia aqueles dentre a sua Gente que tinham muita dificuldade para aprender a usar a Visão Ampla, que haviam desistido e o acusavam de ser incapaz de desempenhar a função de Mestre. Havia até mesmo alguns que não queriam aprender porque o ensino não estava sendo feito como devia. Eles não estavam gostando das mudanças que a visão estava provocando na Morada. Mais de uma vez, ouviu-os falando pelas costas. E mais de uma vez ficaram em silêncio quando ele se voltou para olhá-los.

Ele não os temia, pois estava atendendo ao pedido do Mais Velho. Ficou confuso, no entanto, e quando indagou o motivo, O Mais Velho respondeu:

— Eles estão com medo. — Não adiantou. Como era possível ter medo de enxergar?

A única outra coisa que lhe causara problemas acontecera nos primeiros anos do trabalho como Mestre. Quanto mais e mais pessoas aprendiam a usar a Visão Ampla, os outros Guardiões temiam perder suas posições de destaque. Depois de uma conversa com O Mais Velho, decidiu elevá-los à categoria de Mestres. Ensinou-lhes o seu modo de trabalhar com os outros. Ensinou-lhes a substituí-lo quando a tarefa de "ensinar aos outros tudo o que sabia" ficava muito pesada. Desse modo, eles mantiveram suas posições de destaque nos galhos mais altos do Mirante.

Com a exceção do silêncio que demonstravam alguns poucos dentre a sua Gente, sua vida era muito feliz. Estava fazendo algo que beneficiava a sua Gente. Estava fazendo algo que agradava ao Mais Velho. Estava fazendo algo que permitia que ele usasse a Visão Ampla. Estava fazendo algo que o fazia sentir-se importante. Estava muito feliz. Até que...

Certa manhã, o grito mais agonizante que ouvira na vida despertou-o de seus sonhos. À medida que o grito se prolongava, era acompanhado gradualmente por outros gritos ainda mais assustadores. O que estava acontecendo? Foi logo assegurar-se de que um Quadrúpede não havia de algum modo conseguido entrar na Morada. Não havia nenhum Quadrúpede na Morada. Havia algo muito pior. A Morte estava na Morada. O Mais Velho morrera.

A confusão e o caos que se seguiram estavam além do seu entendimento. Sua Gente estava desesperada. Esmurravam o chão e gritavam na direção das árvores e do céu. Corriam em círculos ao redor do cadáver do Líder até ficarem exaustos. Depois, algumas das Anciãs começaram a cobrir o corpo do Mais Velho com folhas e galhos. Outras começaram a pôr frutos em cima dele. Todos sentiam a necessidade de trazer alguma contribuição para o Enterro. Era o Ancião mais antigo de quem conseguiam se lembrar.

Durante o tempo todo ele simplesmente ficou sentado apoiado a uma árvore. Sua sensação de perda era maior do que conse-

guia suportar. Como poderia continuar? O que faria sem a orientação do seu Mestre? O que a sua Gente faria?

Quando chegou a sua vez de fazer uma contribuição para o Enterro, escolheu alguns dos frutos preferidos do Mais Velho. Desse modo, sentiu que de algum modo estava dando algo para aquele que lhe dera tudo.

Os dias que se seguiram foram marcados por dor e confusão. Sua Gente começou a descontar a dor uns nos outros até que muitos saíram magoados. Não havia quem gritasse:

— Chega! Parem já com isso! — como teria feito O Mais Velho. Sua Morada já não era mais um lugar alegre e sossegado. Até mesmo os galhos mais altos do Mirante não lhe proporcionavam recolhimento. Muitos dos outros Guardiões o seguiram pedindo-lhe soluções e orientação. De algum modo pareciam acreditar que ele podia melhorar as coisas. Como sentia falta de um Mestre que lhe mostrasse o caminho!

Certo dia, ao entardecer, quando a discussão e as brigas lá embaixo ressoavam mais que de costume, Ele decidiu que devia fazer algo. Alguns dos outros Anciãos haviam tomado a frente na tentativa de assumir a liderança, mas eram sempre postos a correr por alguém maior ou mais forte. Sua Gente não conseguia se recuperar muito bem da perda e as coisas começavam a piorar. Nesse mesmo dia, outros seis Jovens foram pegos saindo em direção ao Espaço Aberto para fugir do caos. Queriam encontrar uma nova Morada.

Ele sabia que não havia outra Morada. Somente aquela, e teriam de encontrar um jeito de melhorar as coisas.

Começou a olhar na direção do Espaço Aberto com sua Visão Ampla. Não tinha certeza do que procurava; só sabia que era algo que lhe daria alguma idéia de como ajudar sua Gente. De repente, percebeu que alguém lhe fazia companhia. Quando voltou-se para ver quem era, quase perdeu os sentidos. Deparou-se com O Mais Velho, observando-o como sempre fizera. Ele tinha a certeza de que a dor e o cansaço lhe haviam dado cabo do juízo. O Mais Velho sorriu e disse:

— Não, você não perdeu o juízo. Mas pode perdê-lo se continuar nesse ritmo. Você consegue me ver porque desenvolveu bem a Visão Ampla. De fato, o meu corpo está morto, mas eu não. Também estou sabendo do que vem acontecendo na nossa Morada. E há algo que você pode fazer. Não é necessário guiá-los. Você é um Ancião Mestre. Ensine novas formas de usar a Visão Ampla, como está fazendo agora. Dê-lhes força. Ensine tudo o que precisam saber. Sua Visão Ampla o guiará. Confie nela. Confie em si mesmo. Dê-lhes força para que possam encontrar a Paz. Agora, vá ao encontro deles. — Ao dizer isso, O Mais Velho desapareceu do galho; somente uma brisa ficou a lhe fazer companhia enquanto tentava entender o que acabara de acontecer. As palavras "vá ao encontro deles" soavam aos seus ouvidos sem parar e o tiraram daquela apatia. Começou a descer daquela que era a árvore mais alta da Morada. Foi *abrindo caminho pelos galhos do Mirante e ficou pensando como explicaria a visão para os demais. Ele não fazia idéia de como poderia atender ao último pedido de seu Mestre: "Confie na sua Visão Ampla. Ela o guiará", dissera. Bem, ele estava prestes a descobrir se isso era verdade.*

Quando chegou ao galho mais baixo, ficou sentado por um instante a observar sua Gente em discórdia, gritando e berrando. Viu a raiva e o medo estampados no rosto dos Jovens. Viu como estavam confusos. Começou a observá-los com sua Visão Ampla. Ele não tinha certeza do que procurava; só sabia que era algo que lhe daria alguma idéia de como ajudar sua Gente. De repente, viu-se gritando mais alto do que pensava que conseguia:

— Chega! Parem já com isso!

Por incrível que pudesse parecer, eles pararam. Esperou até ter a atenção de todos e disse no mesmo tom de voz em que O Mais Velho talvez dissesse:

— A Morada não deve ser um lugar de desavenças e ressentimentos. Juntos, devemos trazer de volta a Paz. Juntos, devemos aprender a viver sem a ajuda do Mais Velho.

Parou de falar para fixar o olhar nos outros. Suas pernas tremiam, mas a voz continuou firme. Ele não sabia ao certo de onde vinham aquelas palavras, mas sabia que eram boas porque sua Gente parou para ouvir.

— Esta noite vamos dormir e, amanhã, voltaremos a viver a Paz... e, para isso, usaremos a nossa Visão Ampla.

Enquanto voltavam, em silêncio, aos seus lugares, ficou refletindo sobre as últimas palavras do Mais Velho: "Dê-lhes força". Como seria possível se ele nem sequer sabia ao certo o que aquilo significava? Seria preciso ter muita confiança na sua Visão Ampla.

Capítulo Nove

Apoio extra

Tópicos remissivos

Os processos de transformação de Weiss

O processo básico

Apoio: Ser de Ajuda de Confiança ou
Aspecto da quinta dimensão da Alma ou
Aspecto da sétima dimensão da Alma ou
Aspecto da décima segunda dimensão da Alma.

Propósito: Descarregue as emoções negativas acumuladas
Descarregue lembranças negativas acumuladas
Substitua os sistemas de crença negativos pela Perspectiva da Alma
Crie novas perspectivas para o corpo.

Processo: Traga o Ser de Ajuda ou Aspecto da Alma para junto do corpo
Concentre-se no problema ou na lembrança
Deixe que o Ser de Ajuda ou Aspecto da Alma também viva o problema ou lembrança
Abra-se para a Perspectiva Superior
Repita o processo até se sentir satisfeito.

Freqüência de Uso: O Processo pode ser feito, sob a forma de meditação, uma ou duas vezes ao dia.

Dados Adicionais: O Processo pode ser usado de forma diferenciada trazendo o Ser de Ajuda ou o Aspecto da Alma diretamente para alguma reação negativa sofrida em qualquer tempo. O uso freqüente e continuado de formas diferenciadas é altamente recomendado.

Os processos de transformação de Weiss

O processo cronológico

Primeira aplicação

Apoio: Aspecto da quinta dimensão da Alma e
Ser do Futuro de um ano ou
Ser do Futuro de três anos.

Propósito: Adquirir Perspectiva de Futuro sobre questões atuais.

Processo: Traga o Aspecto da quinta dimensão da Alma para junto do corpo
Concentre-se no Ser do Futuro que estiver do seu lado
Deixe o Ser do Futuro sentir o problema com você
Abra-se para as Perspectivas do Futuro
Repita o processo até se sentir satisfeito.

Freqüência de Uso: O Processo pode ser feito na forma de meditação, uma ou duas vezes ao dia.

Dados Adicionais: O Processo não deve ser usado para entender acontecimentos futuros. Foi feito para servir de instrumento para facilitar a compreensão de problemas ou situações atuais e gerar o sentimento de paz.

Processo de transformação de Weiss

O processo cronológico

Segunda aplicação

Apoio: Aspecto da quinta dimensão da Alma e
Ser do Futuro de um ano ou
Ser do Futuro de três anos.

Propósito: Mudar sistemas de crença negativos desenvolvidos durante a infância.
Estimular a Força de Ânimo e o amor-próprio.

Processo: Traga o Aspecto da quinta dimensão da Alma para junto do corpo.
Concentre-se no Ser do Futuro que estiver ao seu lado.
Concentre-se no Ser do Passado imediatamente depois da experiência negativa da infância.
Com o Ser do Futuro, projete sobre o Ser do Passado perspectivas positivas.
Identifique o Ser Guardião do Ser do Passado e concentre-se nele.
Volte a se concentrar no momento presente e esteja aberto à Perspectiva do Futuro.

Freqüência de Uso: O Processo pode ser feito em forma de meditação uma vez por dia.

Dados Adicionais: Nenhum.

Processos de transformação de Weiss

O processo do DNA

Primeira aplicação

Apoio: Aspecto da quinta dimensão da Alma e
Aspecto da sétima dimensão da Alma.

Propósito: Neutralizar informações genéticas limitadoras próprias para a Sobrevivência do Primata.

Processo: Traga o Aspecto da quinta dimensão da Alma para junto do corpo.
Traga o Aspecto da sétima dimensão da Alma para junto do corpo.
Concentre-se no DNA (de olhos abertos e usando a mão esquerda, concentre-se primeiro nos ossos, em seguida nas células e, por fim, no DNA).
Concentre-se no fluxo de consciência ou de luz da Alma entrando na mão, nos ossos, nas células, no DNA.
Monitore o avanço do fluxo pelo corpo continuando a se concentrar na mão (etc.).
Repita o processo monitorando e mantendo a concentração até se sentir satisfeito.
Feche as mãos e abra-se para a Perspectiva da Alma.

Freqüência de Uso: O Processo pode ser feito, na forma de meditação, uma ou duas vezes por semana.

Outras Observações: A Alma é responsável por identificar o código genético que não serve mais e a energia da Alma que é usada para provocar as mudanças no seu DNA para você. Sua contribuição é feita ao criar e manter a ligação entre a Alma e o corpo. Seu desejo e vontade de mudar fazem com que a Alma intervenha em seu favor com grande intensidade.

Processos de transformação de Weiss

O processo do DNA

Segunda aplicação

Apoio: Aspecto da quinta dimensão da Alma e
Aspecto da sétima dimensão da Alma e
Aspecto da décima segunda dimensão da Alma.

Propósito: Ativar informações sobre a evolução no DNA Divino.

Processo: Traga o Aspecto da quinta dimensão da Alma para junto do corpo.
Traga o Aspecto da sétima dimensão da Alma para junto do corpo.
Traga o Aspecto da décima segunda dimensão da Alma para junto do corpo.
Concentre-se no DNA (de olhos abertos e usando a mão esquerda, concentre-se primeiro nos ossos, nas células, no DNA).
Concentre-se no fluxo de consciência ou de luz da Alma entrando na mão, nos ossos, nas células, no DNA.
Monitore o avanço do fluxo pelo corpo enquanto continua a se concentrar na mão (etc.).
Repita o processo monitorando e mantendo a concentração até se sentir satisfeito.
Feche as mãos e abra-se para a Perspectiva da Alma.

Freqüência de Uso: Esse Processo pode ser feito, na forma de meditação, uma ou duas vezes por semana.
Esse Processo não deve ser feito no mesmo dia da Primeira Aplicação do Processo do DNA.

Outras Observações: A Alma é responsável por identificar o DNA Divino e a energia da Alma é usada para provocar as mudanças no seu DNA para você. Sua contribuição consiste em criar e manter a ligação entre o corpo e a Alma. Seu desejo e vontade de aplicar o processo ajuda a Alma a intervir em seu favor com grande intensidade.

Alinhamento dimensional da alma

A realidade da terceira dimensão

Forma: Percebida como algo concreto e separado de outras formas.

Perspectiva: Separada da Fonte
A Morte como o fim do Ser
Realidade da Dualidade como resultado do julgamento que se faz de si mesmo e dos outros.
A primeira influência: a Perspectiva de sobrevivência do corpo do Primata (evitar a morte) resulta em Medo e em outras emoções negativas.
A influência secundária: as Perspectivas dos Aspectos de dimensões superiores da Alma geram Amor e outras emoções positivas.

Propósito: Proporcionar à Alma a experiência dessa realidade dimensional.

Uso em PTWs: Quando quiser mudar a Perspectiva Primata do corpo.

Outras Observações: Atualmente, nossa espécie está trabalhando para substituir a influência Primária pela influência Secundária.

Alinhamento dimensional da alma

A realidade da quarta dimensão

Forma: Percebida como algo concreto e separado de outras formas.

Perspectiva: Pode refletir a perspectiva da forma da terceira dimensão.

Propósito: Proporcionar à Alma a experiência dessa realidade dimensional.
Proporcionar aos Aspectos de dimensões superiores da Alma o acesso à forma da terceira dimensão.

Uso em PTWs: Não há.

Outras Observações: Essa forma pode ser usada pela mente da terceira dimensão para viagens de quarta dimensão (experiências extracorpóreas, anteriores ou posteriores à morte).

Alinhamento dimensional da alma

A realidade da quinta dimensão

Forma: A experiência dessa realidade se dá sob a forma de luz.
Experiência relacionada com outras formas, porém independente delas.

Perspectiva: Ligada à Fonte.
Consciente do conceito de Morte.
Consciente do conceito de Dualidade.
A Principal Influência está na consciência da Fonte em todas as coisas, resultando em Amor.
Consciente do propósito de todas as experiências, resultando em Imparcialidade.

Propósito: Proporcionar à Alma a experiência dessa realidade dimensional.
Proporcionar aos Aspectos de dimensões superiores da Alma o acesso à forma da terceira dimensão.

Uso em PTWs: Proporciona à forma da terceira dimensão a Perspectiva da Imparcialidade e do Amor Incondicional.
Usado em todos os Processos de Transformação de Weiss.

Outras Observações: Este é o Aspecto da Alma usado com mais freqüência na versão modificada do Processo Básico.

Alinhamento dimensional da alma

A realidade da sétima dimensão

Forma: Vivida sob a forma de luz.
Experiência relacionada com outras formas, porém independente delas.

Perspectiva: Ligada à Fonte.
A Influência Principal está na consciência da Fonte em todas as coisas, resultando em Amor.
Consciente da necessidade de toda a experiência, resultando num sentimento de Apreciação e Paz profunda.

Propósito: Proporcionar à Alma a experiência dessa realidade dimensional.
Proporcionar aos Aspectos de dimensões superiores da Alma o acesso a formas de dimensões inferiores.

Uso em PTWs: Proporciona à forma da terceira dimensão a Perspectiva do Propósito Superior.
Processo Básico e Processo do DNA.

Outras Observações: Não existem.

Alinhamento dimensional da alma

A realidade da décima segunda dimensão

Forma: Vivida sob a forma de luz.
A experiência dessa realidade se dá por meio de uma ligação de ordem superior com formas distintas.

Perspectiva: Em forma do fluxo de consciência da Fonte.
A Influência Principal está na consciência da Relação-com-o-Todo, que resulta em Amor.
Consciente do Desejo Coletivo de que toda a experiência resulte em Apreciação e em Paz profunda.

Propósito: Proporcionar à Alma a experiência desta realidade dimensional.
Proporcionar aos Aspectos de dimensões superiores da Alma o acesso às formas de dimensões inferiores.

Uso em PTWs: Proporciona à forma da terceira dimensão as Perspectivas da Aceitação e da Valorização de todas as experiências. Proporciona à forma da terceira dimensão a Perspectiva da Gratidão e da Alegria.
Usado no Processo Básico e no Processo do DNA.

Outras Observações: É a influência principal sobre a Segunda Aplicação do Processo do DNA.
É mencionada com freqüência como o nível cristão ou budista, uma vez que esses seres alcançaram este nível de perspectiva em seus corpos de terceira dimensão, enquanto ainda estavam na Terra.

Conceitos, termos e definições (conforme são usados nesta obra)

ABSOLUTO (O), ver DEUS

ALMA

- Fluxo de consciência de Deus que se estende por várias dimensões da Criação.
- A consciência que anima a nossa forma humana.
- Nossa ligação com a nossa Fonte.

Observação: essa é a principal fonte de perspectiva superior usada nos Processos de Transformação de Weiss.

AMOR

- Valorização sincera da essência do outro.
- Valorização sincera da presença do outro na sua vida.

ANJOS

- Expressões individualizadas do Criador que nunca viveram a realidade da dualidade.
- Fonte constante de imparcialidade e amor.

Observação: Seres Angelicais incluem os humanos e sua Verdade absoluta (o "Ser Alma"). Existem num estado constante de verdadeiro amor incondicional e nos ajudam a viver esse mesmo estado. Devido à sua perspectiva de imparcialidade, os anjos às vezes atuam como o Ser de Ajuda de Confiança no Processo Básico.

ASAS

- Sistemas de crença que nos permitem viver a perspectiva da Alma que não é primata e nem de sobrevivência.

ASCENSÃO

- Resultado da elevação da freqüência do corpo físico a ponto de não mais ser visível nesta dimensão.

Observação: Esse resultado pode ser alcançado substituindo-se os pensamentos, as emoções e os sistemas de crença de freqüência inferior contidos nas células e no subconsciente do corpo pela freqüência superior da Perspectiva da Alma. Esse pode ser um efeito colateral do uso prolongado dos Processos de Transformação de Weiss.

ASPECTO DA ALMA

- Expressão dimensional única da Alma.

ASPECTO SUPERIOR, ver **ALMA**

CRIADOR

- O aspecto de Deus responsável por trazer à existência a idéia da Criação.

DEUS

- A mente e a força criadora que está por trás de toda a Criação.
- A essência de tudo na Criação.

Observação: Também mencionada como A Fonte, O Todo, O Absoluto.

DIMENSÃO

- Descrição da Criação baseada num conjunto particular de freqüências de luz e/ou de som.
- Descrição da Criação baseada numa realidade ou perspectiva predominante da Alma.

Observação: Neste livro, a Alma é vista como um fenômeno multidimensional, porque é um fluxo de consciência presente em toda a realidade ou perspectiva possível.

DNA DIVINO

- Material genético codificado com informações relativas à natureza do corpo físico em evolução.

Observação: deixar que a alma direcione um fluxo de vontade e consciência para partes específicas do código de evolução ajuda o corpo humano a desenvolver mais rapidamente e tornar-se o Novo Humano que foi feito para existir.

DUALIDADE

- O conceito dos opostos.
- Realidade predominante na terceira dimensão.

FONTE (A), ver **DEUS**

FORÇA SUPERIOR, ver **DEUS** ou **ALMA**

GUARDIÃO (O)

- Qualquer Ser Superior que trabalhe em período integral com uma pessoa na capacidade de ajudar e como fonte de Amor inesgotável.

IMAGINAÇÃO

- Aspecto da mente usado pela pessoa para a criatividade.
- Aspecto da mente usado pelo subconsciente para a descarga emocional.
- Aspecto da mente usado pela Alma para incutir novas idéias, conceitos e perspectivas.

MACACO

- Refere-se à Perspectiva Primata de Sobrevivência do corpo que costuma dominar a vida do ser humano na Terra.

MUDANÇA DE CONSCIÊNCIA

- Mudanças da perspectiva principal do corpo de sobrevivência e medo para a perspectiva de Amor e Unicidade da Alma.

PERSPECTIVA SUPERIOR

- A perspectiva da Alma que não é primata e nem de sobrevivente.

PROCESSO

- O ato de se concentrar num negativismo em particular enquanto se inclui a perspectiva superior da Alma a fim de eliminar o negativismo.

PROCESSOS DE TRANSFORMAÇÃO DE WEISS

- Técnicas para substituir sistematicamente as emoções, crenças e paradigmas negativos pelas perspectivas superiores da Alma.

  Observação: Essas técnicas funcionam tanto no nível celular quanto no genético.

SER DE AJUDA

- Entidades não-físicas que exibem e dividem suas realidades de dimensões superiores a fim de ajudar a pessoa a promover a cura ou a mudança de perspectiva. Ver também **ANJOS** e **SERES SUPERIORES**

SER DO FUTURO

- "Você" no Futuro.

  Observação: O Ser de Ajuda principal usado no Processo Dois de Transformação de Weiss – O Processo Cronológico.

SER SUPERIOR, ver **ALMA**

SERES SUPERIORES

- Entidades não-físicas que exibem e/ou participam das perspectivas de dimensões superiores da Imparcialidade e do Amor.

  Observação: Neste livro, nós nos referimos principalmente aos Mestres Ascencionados e aos Seres Angelicais.

TOTALIDADE (A), ver **DEUS**

VÔO (O)

- Viver uma realidade de dimensão superior.
- A capacidade de viver além da Perspectiva Primata de Sobrevivência do corpo.
- A capacidade de viver com a perspectiva da Alma.

As perguntas mais freqüentes

P. Como saber se devo usar o Processo Cronológico ou o Processo Básico?

R. Você deve usar a Segunda Aplicação do Processo Cronológico quando quiser eliminar um determinado sistema de crenças adotado na infância que resultou de um trauma ou de uma experiência particularmente negativa. Por exemplo, o comportamento sexual inadequado de um adulto ou irmão mais velho podem resultar numa série de crenças negativas sobre o indivíduo e outras pessoas. Voltar no tempo repetidas vezes e trabalhar com a criança durante o sono pode ajudar a criança a "repensar" uma experiência. Certamente, isso anularia rapidamente quaisquer ressentimentos, temores ou outras reações emocionais negativas que existiam antes de você começar a usar o Processo. Outro efeito colateral [sic] pode ser menos autocrítica e mais força interior.

P. Como saber se estou aplicando o Processo da forma correta?

R. Se você for tomado por uma sensação de paz ao final de cada sessão, é sinal de que está aplicando o Processo corretamente. Se ainda se sentir tenso ou insatisfeito, deixe o seu Ser de Ajuda ou Aspecto da Alma experimentar essa sensação com você. Isso permitirá que você continue o Processo até sentir de fato uma sensação de paz.

P. E se eu não conseguir enxergar nada?

R. Algumas pessoas não têm como sentido mais apurado a visão; mas essa não é a meta desses Processos. É mais importante concentrar-se no que você "sente" em relação a uma determinada lembrança ou crença. Na verdade, pode ser até mais fácil aplicar o Processo se você não conseguir enxergar nada porque não correrá risco de se distrair com o que for visível.

P. E se eu só confiar em Cristo para me ajudar?

R. Muitas pessoas preferem trabalhar com um Ser Superior mais do que com outros. Isso é perfeitamente normal. Quando usamos os termos "Ser de Ajuda" ou "Aspecto da Alma", ou "Aspecto Dimensional da Alma", você pode substituí-los por Cristo. Quando aplicar o Processo Cronológico, você pode usar Cristo no lugar de

Aspecto da quinta dimensão da Alma, de modo que, quando você iniciar o trabalho com o seu Ser do Futuro, Cristo estará presente para garantir que somente a Verdade e a Cura aconteçam a você. O propósito desses Processos é criar a disponibilidade de uma perspectiva imparcial e de amor para o seu corpo, e Cristo certamente faria isso por você.

P. Já tentei aplicar o Processo Cronológico várias vezes, mas não consigo sentir absolutamente nada. O que devo fazer?

R. Como se sente quando não consegue aplicar o Processo?

P. Frustrado e sem ação.

R. Deixe que a sua Alma sinta isso com você; desse modo, você estará aplicando o Processo.

P. Há pessoas para quem esses Processos simplesmente não funcionam?

R. Sim. Esses Processos não podem funcionar para quem não tiver a intenção, em nível anímico, de criar ou deixar que haja uma diminuição do negativismo no seu corpo. Isso pode ter resultado do sentido básico da vida ou pode ser apenas uma questão de tempo; depois a pessoa poderá descobrir que os Processos funcionam em seis meses ou em seis anos. Depende muito do que você quer fazer da sua vida neste momento. Se a cura ou a mudança de consciência do corpo for importante para você, então esses Processos funcionam.

P. Às vezes, quando tento aplicar o Processo Básico, tudo escurece e eu fico com medo e interrompo o processo. O que acontece? Estou apenas impedindo o Processo?

R. Qual Ser de Ajuda ou Aspecto da Alma você usa quando aplica o Processo?

P. O meu Anjo.

R. Você já deixou seu Anjo sentir essa escuridão com você?

P. Não. Assim que sinto medo, interrompo o Processo.

R. Você gostaria de se livrar desse medo ou sente-se bem com ele?

P. Eu gostaria de eliminá-lo. Eu acho que, de alguma forma, está me impedindo de fazer mudanças importantes na minha vida.

R. Você acredita que o seu Anjo tem mais poder que a escuridão?

P. Não tenho certeza.

R. Quem ou o que você tem certeza que, sem nenhuma dúvida, tem mais poder do que a escuridão?

P. O Arcanjo Miguel é mais poderoso que a escuridão e eu tenho pensado em usá-lo para me ajudar.

R. Então, na próxima vez que aplicar o Processo, deixe o Arcanjo Miguel trabalhar com você. Minha impressão é que essa escuridão é, na verdade, algo de que você se lembra da sua infância; então, não importa o que você veja ou lembre acontecer, deixe Miguel agir no seu corpo, sentindo tudo com você. E se for uma lembrança da infância, é muito importante visualizar Miguel no corpo da criança também. Desse modo, você pode começar a recriar o que aconteceu como também pode eliminar a lembrança da escuridão.

P. Estou começando a ficar enjoado.

R. É a reação de medo do seu corpo. Traga o Arcanjo Miguel para junto do seu corpo agora e deixe que ele sinta isso com você. Não tenha pressa.

P. Eu me sinto melhor agora. Vou aplicar o Processo assim que chegar em casa.

P. Tenho de interromper meu outro trabalho de transformação agora que estou usando os PTWs?

R. Por favor, continue se valendo de qualquer outra ajuda que sentir necessária para concluir o seu trabalho de cura e a mudança da sua consciência. Os PTWs podem ser usados em combinação com qualquer outra forma de Processo de Transformação. E incluir a sua Alma em outras técnicas pode melhorar a eficácia dessa técnica.

P. Tenho muitos amigos que precisam mesmo desse trabalho. Qual a melhor maneira de ensiná-los?

R. Em primeiro lugar, deixe de lado essa idéia de que os seus amigos **precisam** desse trabalho. Se você não está em paz com os problemas, lutas e/ou negativismo enfrentados por eles, talvez seja necessário dividir esse sentimento com a sua Alma até se sentir em paz com o que os seus amigos são de fato. Isso não quer dizer que você não poderá dividir com eles esses conceitos e processos, mas que isso deve ser feito a partir da perspectiva do acordo em vez do juízo que você faz deles.

P. Como posso descobrir se tenho liberdade para dividir isso com eles?

R. Primeiro, faça uma lista das pessoas que você acha que "precisam" desse trabalho e, com muita sinceridade, anote os motivos. Segundo, sente-se com a sua Alma, concentrando-se numa pessoa por vez, diga como se sente em relação a essa pessoa e à "necessidade" dela. Quando vir a perspectiva de se sentir em paz com o negativismo dessa pessoa, peça à sua Alma para lhe dar uma idéia do que compartilhar e por quê. Quando você se abre dessa forma, a sua vontade torna-se mais autêntica.

Não convém tentar facilitar para outra pessoa o uso dos PTWs sem treinamento específico. No entanto, mostrar à outra pessoa como você "inclui a Alma em tudo o que faz" não tem nenhum problema. (Dar-lhes uma cópia deste livro também pode ajudar.)

A HISTÓRIA

Quinta Parte

Se eles ao menos tivessem asas

Sentado à margem da mata que é a sua Morada, ele observa o Espaço Aberto. Ele sabe que os Quadrúpedes que se movimentam do outro lado não oferecem riscos. Quase todos na Morada usam a Visão Ampla; por isso os Quadrúpedes já não têm mais a chance de transformar a sua Gente em refeição. A vida na Morada era tranqüila.

Agora ele é O Mais Velho dos Anciãos e vem sempre até a Margem para pensar e exercitar a Visão Ampla. Ao fundo, um leve ruído de folhas anuncia que já não está só. Ao virar-se, depara-se com seis olhos miúdos a espiá-lo por entre as moitas. Brilham de curiosidade. São três Jovens que, como sabe, querem juntar-se a ele na Margem, mas receiam incomodá-lo. Ele diz:

— Não precisam ter medo. — Eles se põem a fitá-lo, mas não se aproximam. Exceto um deles, que se aproxima lentamente até se colocar ao seu lado.

Ele esperou um pouco, para dar ao Jovem tempo de relaxar, e perguntou:

— O que está vendo?

— A grama e o céu — respondeu o pequeno sem medo.

— Use a Visão Ampla — recomendou. Um pouco depois, o Jovem começou a falar animado:

— Estou vendo Quadrúpedes, mas eles não estão vindo na nossa direção. Consigo ver o lugar de onde eles vêm, com pedras grandes e também... Árvores! Há outro Lugar com Árvores, mas parece muito, muito longe. Há Gente como nós vivendo lá, mas parece que não usam a Visão Ampla como a gente porque ainda têm medo dos Quadrúpedes. Será verdade? Será que estou certo? — O Jovem dava pulos, cheio de entusiasmo com a descoberta, esperando uma explicação. Ele fitou o Jovem por um longo tempo. Esse vai ser diferente. Talvez fosse uma boa idéia trabalhar com ele; do contrário, sua Visão Ampla ainda mais aguçada poderia causar-lhe problemas. Quando se deu conta de que o Jovem estava prestes a correr de volta para o mato com vergonha e medo, disse-lhe:

— Jovem, você tem de confiar na sua Visão Mais Ampla. É muito útil. Não tenha medo do que vê. Mas não espere que todos vejam ou compreendam o que você vê. Isso ainda vai levar algum tempo. — Dito isso, fez um sinal para que os três Jovens o deixassem só.

— Agora vá juntar-se aos outros.

Ele precisava pensar sobre esse novo progresso para a sua Gente. Ouviu outro som atrás de si e, pensando que ainda fossem os três Jovens, suspirou e voltou-se para mandá-los voltar à Morada. Ao voltar-se, no entanto, viu O Mais Velho sentado a observá-lo. Por mais que essa cena tivesse se repetido nos últimos anos, ainda era perturbadora. Quanto tempo fazia desde que O Mais Velho fora Enterrado? Já não se lembrava.

O Mais Velho sorriu e começou a falar.

— Aquele Jovem me lembra você há muito tempo. E eu me lembro de ter pensado a mesma coisa que você na primeira vez em que lhe falei. Você terá de trabalhar com ele, ou vai acabar incomodando a Gente com essa Visão Mais Ampla. — À medida que prosseguia, sua expressão ficava cada vez mais séria. — Você precisa ensiná-lo a instruir os demais e a torná-los fortes, como você já fez. Ele vai continuar o que começamos. Vai ensiná-los a voar. — Assim que O Mais Velho terminou de falar, fez o que sempre fazia: desapareceu.

Era a primeira vez que alguém falava das coisas que vira com os próprios Olhos. Ele sabia da existência de outro Lugar Arborizado e que ficava muito longe. Sabia que outra Gente vivia lá. Agora um Jovem o avistara também e não conseguiria manter sigilo sobre a descoberta. Seria uma nova revelação para a sua Gente.

Mal começara a usar a Visão Ampla para ajudá-lo a decidir o que fazer para ajudar sua Gente a receber em Paz a nova revelação, quando ouviu ao longe um rebuliço vindo de algum ponto da Morada.

Mexeu-se mais depressa do que permitia o seu corpo já cansado e viu sua Gente em polvorosa. Pela primeira vez em muito tempo, eles corriam em círculos e gritando uns com os outros. O Jovem com a Visão Mais Ampla estava no centro de toda a gritaria; daí, entender a causa de toda a confusão não foi difícil.

Ficou em silêncio por um momento, esperando para ver se conseguiriam resolver o problema por conta própria. Em vez disso, a gritaria e o caos se acentuaram. Pôde ver o medo e a raiva estampados em seus rostos ao apontar para O Jovem dizendo que não deveria sair falando essas coisas.

— Não pode haver outros; somos os únicos, a única Gente — gritavam com O Jovem sem parar, agachado no meio deles.

Quando O Jovem parecia estar em perigo, o Mais Velho dos Anciãos deu um passo à frente e gritou alto o bastante para ser ouvido por todos:

— Chega! Parem já com isso! — Ele ficava sempre surpreso e grato pela eficácia desse comando. Esperou enquanto se fazia silêncio até que tivesse a atenção de todos e começou a falar devagar para que todos pudessem entender a importância das suas palavras.

— Vocês não devem fazer mal a esse Jovem por ter revelado a Visão Mais Ampla. Devem desenvolver a própria Visão Mais Ampla para confirmar esse novo fato e entender o que significa para nós. — E voltou-se para O Jovem:

— Você deve ensiná-los a usar a Visão Mais Ampla, meu Jovem. Deve ensinar-lhes o que souber. Precisamos novamente ter Paz na nossa Morada. — Deixou-os no silêncio que se formara e voltou à Margem para retomar a Vigília.

Nos meses seguintes, houve um misto de revelações e insanidade. Aqueles que concordavam em aprender a usar a própria Visão Mais Ampla estavam totalmente resignados com o fato de não *ser a sua a única Morada que havia e que o Mundo não terminava onde o Espaço Aberto encontrava o Céu. Essa idéia parecia-lhes animadora e queriam saber o que mais poderia existir do outro lado. O mais novo Jovem Mestre, cuja Visão Mais Ampla dera início ao alvoroço, ficou quase sem reação com a ordem de "ensinar aos outros o que soubesse", e logo aprendeu a orientar os outros Mestres a ajudá-lo.*

Aqueles dentre a sua Gente que não conseguiam aceitar a existência de outra Gente, não importando o quanto estivessem longe, ficavam muito perturbados e começavam a discutir com os demais. Quando ele caminhava entre as árvores, era comum encontrá-los discutindo em voz alta a veracidade dessa informação. Outro assunto perturbador para muitos era o fato de essa nova Gente constituir ou não uma ameaça.

— E se a outra Gente também desenvolvesse a Visão Ampla, conseguiriam de alguma forma invadir a Morada e nos fazer mal?

Pela primeira vez, a sua Gente estava dividida. Ele gastou boa parte do seu tempo na Margem à espera de que O Mais Velho aparecesse de repente para lhe dar conselhos. Somente os Jovens se juntavam a ele na Margem, querendo contar o que viam durante suas Vigílias. Ele os ouvia um pouco antes de mandá-los de volta às suas mães ou Mestres. Precisava de tempo para ficar a sós e decidir o que faria para ajudar a curar sua Gente. Sempre que tentava usar a Visão Ampla para conseguir uma resposta, lembrava-se das últimas palavras do Mais Velho:

— Ele vai ensiná-los a Voar.

Ele estava pensando no provável sentido dessas palavras ao voltar para a Morada a fim de acalmar os ânimos mais exaltados que travavam discussões cada vez mais freqüentes. Ao passar pelas árvores, viu um pequeno grupo de Jovens sentados em silêncio em volta do Jovem Mestre. Estavam todos de olhos fechados. Esperou até começarem a se movimentar para só depois se aproximar e perguntar ao Mestre:

— O que está fazendo? — Mas não ficou surpreso com a resposta que ouviu:

— Estava ensinando-lhes a Voar.

A explicação que deu em seguida, no entanto, foi uma grande surpresa.

— Cada vez que eu usava a Visão Mais Ampla para enxergar o interior da outra Morada — O Jovem Mestre começou a explicar — eu percebia que conseguia ver coisas de lá com mais nitidez. Também percebi que era como se eu pudesse estar lá e aqui ao mesmo tempo. Não como se eu tivesse necessariamente dois corpos, mas como se eu pudesse estar em dois lugares.

Percebeu que O Jovem Mestre hesitava, sem saber se devia falar mais; por isso fez um sinal para que continuasse.

— Eu estava pensando no medo que alguns de nós têm de que a Gente de lá nos faça mal — disse calmamente — e eu achei... achei que pudesse ajudar se pudéssemos ver o que se passa no

coração da outra Gente. Se alguns de nós pudessem Voar até lá, talvez fosse possível ver que tipo de gente eles são. Talvez pudéssemos ver se algum deles é capaz de usar a Visão Ampla — concluiu apressadamente.

— E o que foi que você descobriu? — perguntou O Mais Velho dos Anciãos, tentando não alterar o tom de voz. O Jovem Mestre fez uma longa pausa antes de responder.

— Eles são muito parecidos conosco. Vivem, comem, dormem e fazem enterros do mesmo modo que nós fazemos. Não acredito que nos fariam mal, mesmo se conseguissem chegar até aqui. — Fez-se outra longa pausa. — Eles não têm Visão Ampla... ainda.

Ele esperou O Jovem juntar forças antes de pedir para que ele continuasse. Não estava preparado para o que veio em seguida.

— Uma vez, quando eu não estava só Vendo, mas também Voando, percebi que um dos Jovens de lá conseguia me ver. Estava ao pé de uma árvore olhando direto para mim. Sorri para ele e ele sorriu de volta. Já o visitei várias vezes, e outras pessoas de lá estão começando a perceber o que ele anda fazendo. Quando ele tenta explicar, ficam irritados com ele. Só não o machucam porque O Mais Velho deles não deixa. Ele também me viu.

Era mais do que eu podia ouvir, e ele sabia que teria de pensar com muito cuidado sobre o que fazer a respeito dessa nova revelação que O Jovem fizera. Sem dúvida, teria de trabalhar com ele de modo muito próximo. Então instruiu O Jovem Mestre a contar para os outros o que aprendera sobre a outra Gente, mas que ainda não desse mais lições sobre Vôos.

Se a Gente da sua Morada estava passando por um momento difícil com todas as mudanças, o que estaria vivendo a Gente da outra Morada, que não sabia usar a Visão Ampla para conseguir ficar em Paz? Se ao menos tivessem asas...

Tomou o caminho de volta à Margem. Precisava pensar um pouco mais sobre a questão. Era preciso conversar com O Mais Velho. Sem demora. Quando chegou à Margem, ficou surpreso ao ver O Mais Velho à sua espera. Ficou tão contente que quase gritou:

— Já faz tempo que eu preciso falar com você. — O Mestre não respondeu logo em seguida e voltou a olhar para o Espaço Aberto. Por fim, disse:

— Eu não sou O Mais Velho com quem precisa conversar. Você tem de voar para a outra Morada e conversar com O Mais Velho deles. — Quando o Mestre começou a desaparecer, ouviu-o dizer:

— Ensine-lhe o que você sabe.

Capítulo Dez

Os primatas podem ser anjos? ou o que acontece quando o céu já não é mais o limite?

Quando passamos a adaptar a Perspectiva da Alma às nossas vidas, descobrimos que praticamente tudo se transforma. A Perspectiva de imparcialidade da Alma diminui o medo presente no corpo, o que, por sua vez, diminui o *stress* e a tensão. A Perspectiva do amor incondicional muda a qualidade de todo relacionamento. Transformar Autocrítica em Aceitação de Si Mesmo gera uma nova maneira de lidar com situações e com pessoas novas. Também pode dar início a um novo relacionamento com o corpo.

A mudança mais significativa, entretanto, é a aceitação pacífica do negativismo que cerca as outras pessoas. A serenidade da sua reação é vista por elas como a contribuição que você dá para toda situação negativa. Também é vista como uma força serena.

Você fica mais consciente do andamento das coisas na sua vida — percebe a sincronia entre todos os elementos. Passa a valorizar cada fator que contribui com esse estado, quer seja uma situação ou uma pessoa. A unicidade de todos os que você conhece ou encontra torna-se cada vez mais evidente, e um grande apreço pelos que o amam muitas vezes o surpreende.

Você nada fará para que outros se sintam mal com eles mesmos, mas também não será capaz de mentir para eles. Estará sempre em busca do motivo maior das coisas e se esforçará sempre para ater-se à Verdade Superior. Deixará que o Propósito Maior o guie e ficará grato pela oportunidade de habitar esta Terra.

Também chamará a atenção dos outros. Vão questioná-lo sobre os seus pontos de vista, mas você deixará que a Alma de quem o fizer o ajude a formular uma resposta compreensível. Vão lançar dúvidas sobre as suas crenças, mas você deixará que a sua paz interior permeie esse contato. Duvidarão de você, mas você deixará que o plano da Alma do inquisidor tome conta da situação. Receberá as honras de um sábio e se lembrará de que somos todos, em essência, a mesma expressão preciosa da Vida. Acima de tudo, saberá que existe um Propósito e um Tempo certo para tudo, e essa certeza lhe trará absoluta paz e harmonia.

Também será chamado a Ensinar a essas pessoas. Será chamado a Curá-las. Será chamado a fazer milagres em suas vidas. Você dirá "sim" para alguns e "não" para outros. Suas respostas serão o resultado da combinação da resposta da sua Alma com a resposta da alma dessas pessoas. Toda relação que você travar com outra pessoa irá, de algum modo, trabalhar para dar-lhe ânimo, para lembrá-la de que ela também tem uma fonte interior de sabedoria. Você não terá de carregá-la ou de se responsabilizar por ela. Você repetidamente lembrará a elas que a Força Superior delas toma conta de tudo o que acontece na vida delas. Um dos seus maiores presentes para essas pessoas será a sua capacidade de concentrar a atenção na Força Superior que existe nelas.

Você também será mal compreendido. Pode até mesmo chegar a ser temido. Sempre se surpreenderá quando isso acontecer e sempre estará em paz consigo mesmo porque será capaz de entender o que acontece. Entenderá como a natureza humana pode ser, às vezes. Também entenderá que é responsável pelo que acontece na sua vida, e que a raiva ou o medo de alguém não podem fazer-lhe mal. Você irá confundi-los com a sua capacidade de amar, apesar do modo como tratam você. Alguns deles alcançarão a própria cura por meio da sua atuação.

Você não será capaz de agir com naturalidade. Quer sejam as suas escolhas de comida, diversão ou tópicos de conversação, você terá um ponto de vista diferente da visão da maioria das pessoas à sua volta.

Verá a loucura que se espalha pelo mundo e a considerará como algo passageiro. Verá o negativismo que se espalha pelo mundo como algo temporário. Você se surpreenderá tendo conversas longas e significativas com coisas tais como árvores e golfinhos. E não se importará se outros o ouvirem.

Todo o planeta se tornará a sua morada, e os seres que animam a sua superfície lhe parecerão irmãos e irmãs. A vida se tornará uma oportunidade incrível pela qual você será extremamente grato. Também ficará extremamente grato pelo número cada vez maior de pessoas que estarão fazendo exatamente a mesma coisa com as próprias vidas. Vai admirar a sua coragem e louvar seus esforços, pois entenderá tudo muito bem.

Você vai despertar para uma compreensão mais ampla da contribuição que está dando para o seu Planeta e para a sua espécie. Começará a acordar para a contribuição que o seu Planeta e a sua espécie estão dando para o universo. Passará a perceber a presença no universo de outros que também estão dando alguma contribuição para o seu Planeta e a sua espécie.

Continuará a expandir a sua capacidade de aceitar e incorporar os aspectos universais dos conhecimentos da Alma. Você fará tudo isso sem perder nenhum traço da sua humanidade. Fará tudo isso sem perder amizades, sem perder o seu senso de humor.

Você vai rir. Vai chorar. Vai amar. E... *voar.*

A História

Sexta Parte

Conclusão

Ele queria subir aos galhos mais altos do Mirante só mais uma vez, mas o seu corpo não agüentava a escalada. Queria ver a sua Morada do alto. Queria ver tudo aquilo mais uma vez antes de deixar o corpo. Sabia que era chegada a hora. Estava muito cansado e sabia que fizera tudo o que pudera em uma vida.

Sua Gente estava satisfeita e em Paz. A Gente das Moradas que haviam descoberto por meio da Visão Mais Ampla tinham se tornado uma fonte de companheirismo e informações. Ao longo dos anos, sua Gente aprendera muito sobre o que alguns dos outros chamavam de O Planeta. Cada nova Morada que visitavam em seus Vôos oferecia uma informação nova sobre esse grande agrupamento de Moradas.

Houve também alguns desafios. Tiveram de aprender a se apresentar à Gente de cada nova Morada de modo que não causasse medo ou gerasse o caos. Aprenderam a esperar até que fossem vistos, e a explicar com calma quem eram e de onde vinham. Também aprenderam que seria mais fácil se apenas um ou dois deles voasse até uma Morada recém-descoberta, em vez de assustar sua Gente com um grande número aparecendo de repente em seu meio.

Tivera um aprendizado e uma vida cheios de realizações. Ficou a pensar o que sentia O Velho Mestre a respeito de tudo aquilo.

Não via O Mais Velho desde o dia em que o encontrara na primeira Morada que descobriram. Tinha saudades do Mestre.

Andou por entre a sua Gente pela última vez. Eles sabiam que ele partiria e estavam todos quietos. Alguns até mesmo começaram a recolher coisas para usar no seu Enterro. Estava feliz por saberem. Isso dava-lhe a oportunidade de dizer-lhes adeus.

Quando se sentiu satisfeito, voltou à base do Mirante onde suas Visões haviam começado. Queria tanto poder chegar ao topo! De repente, lá estava ele!

Primeiro pensou que fosse a sua Visão Ampla que lhe dera a sensação de estar de volta à copa da árvore. Mas não. Ele estava de fato sentado nos galhos mais altos.

— Não é que deixei o meu corpo!? — foi o que disse para O Velho Mestre sentado bem ao seu lado. Ficaram em silêncio por um tempo, enquanto ele passava o olhar pela Morada. A sua Morada, que se estendia até tocar o Céu em três direções.

— A minha Morada — sussurrou.

— Não — disse-lhe o Mestre ao seu lado. — Esta é a sua Morada. — O que viu em seguida estava além do seu entendimento. Era algo redondo flutuando na escuridão, mas ele não conseguia entender o que via.

— Use a Visão Ampla — ouviu a voz do Mestre dizer.

Ao usar a Visão Ampla, percebeu que via todas as Moradas espalhadas sobre aquela coisa redonda. Deveria ser o Planeta. Ao prosseguir com a Visão, percebeu que ela não se resumia a uma coisa redonda com Moradas. Percebeu que se tratava de vários Planetas com Moradas na imensidão escura. Isso significa que deve haver outras Gentes lá fora também.

Essa era uma idéia animadora que o fazia sentir-se como nos dias de sua juventude, quando soube pela primeira vez que era dotado de Visão Ampla.

— Podemos voar até aqueles Planetas também? — perguntou ao Mestre.

— Sim — foi a resposta. — Depois, voltaremos à sua Morada e...

— Eu sei, eu sei — disse, interrompendo O Mestre. — Ensinarei aos outros o que eu souber.

Agradecimento final

Em meu nome e no nome de todos os Seres que trabalharam comigo na elaboração deste livro, agradeço a você por nos permitir ser úteis.

Agradecemos-lhe
por ser a Luz do Criador.
Que a paz esteja com você.